「地名」は語る

—珍名・奇名から歴史がわかる—

谷川彰英

祥伝社黄金文庫

本書は、祥伝社黄金文庫のために書き下ろされた。

まえがき

日本は地名の宝庫である。面白い地名がいっぱいある。都会の地名にも面白いものがあるが、全国の地方にはそれにも増して面白いものがある。

本書は全国のとっておきの地名を取り上げ、その由来を現地調査を踏まえて書いたものである。地名研究の在り方も多様で、人によって違いがあるのは当然である。地名研究を真に支えているのはそれぞれの地域の郷土史家たちで、彼らは地元の歴史については絶対的な情報を持っている。

それに対して、私は全国の面白い地名をピックアップし、それぞれについての解明を目指している。同じような手法で全国の地名を研究対象にしている人も少なくないが、その中での私自身のこだわりは、必ず現地で取材し、調査するということを大原則にしていることである。

地名は言うまでもなくその地域に残された文化遺産である。また地名は単に歴史を語るだけでなく、その土地の地形や自然、民俗や伝承、文学など人々の生活のすべてを物語っている。

そういう意味での地名の総合性を確かめるには、どうしても現地に足を運んでみなければならない。ある地名についてイメージしたものが、現地を見ることによって大きく変わることが多い。いや、ほとんどの場合、事前にイメージしたものと現地での印象は大きく異なっている。地名の面白さはここにある。

地名についてはまず文献研究をするのは当たり前のことだが、私の現地での取材・調査は二つのステップに分かれている。第一のステップはその地域を歩き、図書館で調べたり関係者に会って話を聞いたりする。あわせて写真を撮る。これは夕方で終わり。第二のステップは地元の居酒屋に入り、マスターや地元の人々の「ほんとうの」情報を集める。これが実はとても役に立っている。昼間聞いたり読んだりした情報は情報としては尊重するが、それに対して地元の人々はどう思っているか、感じているかが地名研究ではとても重要である。

だから、地名の取材はやめられない。面白いのである。この何年か、休日をほとんど取材に費(つい)やしても疲れを知らないと言えるのには、こんな背景がある。

これまで各種出版社から、平成大合併によって「消えた地名」について書いてくれというオファーをいただいてきた。しかし、私にはどうしてもその路線に踏み込むことができなかった。「消えた地名」だと、どうしても行政批判になってしまう。いちど失われた地名はまずほとんどの場合、回復不可能だから、よけい怨念(おんねん)の情がこもる。

平成の大合併を横目で見ながら、失われた地名の怨念は私の心に巣くってはいる。ただ、本書ではその怨念は陰に置いて、全国的に見て重要で面白い地名について書いてみた。きっと、地名の持つ意味の深さとその面白さに気づいていただけるであろう。それは、これ以上日本の文化遺産である地名を消してはいけないという警告でもある。

この何年か、「タモリのジャポニカロゴス」の他「クイズ！日本語王」等のテレビ番組に出演する機会をいただき、そこで得た情報も本書に盛りこませていただいた。ただし、すべて取材は私の責任で行っている。

また、以前の本に書いた地名もいくつか入っているが、すべて取材し直して新たなバージョンになっている。その変化にも着眼してもらうと、さらに本書を面白く読んでいただけるものと確信している。

写真はすべて私自身が撮影した。私の意図（こだわり）を少しでも理解していただけたら、とても嬉しい。

いちばん感謝したいのは、見知らぬ土地で親切にいろいろなことを教えてくれた多くの方々である。それぞれの方に本書をお届けしたいとは思うが、それもできない。ここで、お礼の気持ちを述べておきたい。

そして、本書の企画から編集まで、祥伝社黄金文庫編集部にはお世話になった。心から感謝申し上げたい。

平成二〇年二月二〇日

谷川彰英(たにかわあきひで)

目次

2 縁起をかついだ地名

3 女──いろいろ地名

4　動物にちなんだ地名

斑鳩　奈良県　柿の木に集まる鳥の名前から　98
白鷹町　山形県　上杉鷹山のルーツだった　102
犬吠埼　千葉県　義経伝説にまつわるロマン　106
熊谷　埼玉県　熊退治伝承の残る「暑い町」　110
牛窓　岡山県　「牛転」から「牛窓」へ　114
千厩　岩手県　馬と英雄の歴史が残る　118
鳥取　鳥取県　白鳥伝説に彩られて　122
鵠沼　神奈川県　白鳥伝説からメダカ伝説へ　126
虎姫町　滋賀県　虎御前にまつわる伝承とタイガース　130

5　人混みのなかの地名

日本橋　東京都　日本橋は「二本の橋」から　136

幕張　千葉県　幕張メッセは長く「馬加」だった！　140
関内　神奈川県　港横浜にひそむ歴史とは　144
武庫　兵庫県「向こう」なのか「椋」なのか　148
六本木　東京都「お前麻布で気（木）が知れぬ」　152
祇園　京都府　食を給する教えはいまどこに　156
豊田市　愛知県　トヨタ自動車の社名から　160
セメント町　山口県　近代工業を引っ張ってきた徳利窯　164

6　浸かってみたい温泉地名

乳頭温泉　秋田県　女性の乳頭の形から　170
遠刈田温泉　宮城県「とおがったでしょう」と迎える女将　174
蔦温泉　青森県　蔦子をめぐる伝承の湯　178
鉄輪温泉　大分県〝毎日が地獄〟だ！　182
温泉津　島根県　銀を搬出した湯の港　186

7　世界遺産の地名

知床　北海道　岬の名前から　192
屋久島　鹿児島県　「八崩え（やくずえ）」から？　196
熊野　和歌山県　神の住む山々　200
五箇山　富山県　知られざる富山県の感動！　204

8　地名は伝播（でんぱ）する

秋葉原　東京都　地名は生きている！　210
安曇野　長野県　古代安曇族の定着地　214
鳥取　北海道　鳥取県からの士族の開拓の足跡　218
北広島　北海道　広島から移住した人々の願い　222
一口　京都府・東京都　疱瘡を防ぐ神様の移動　226

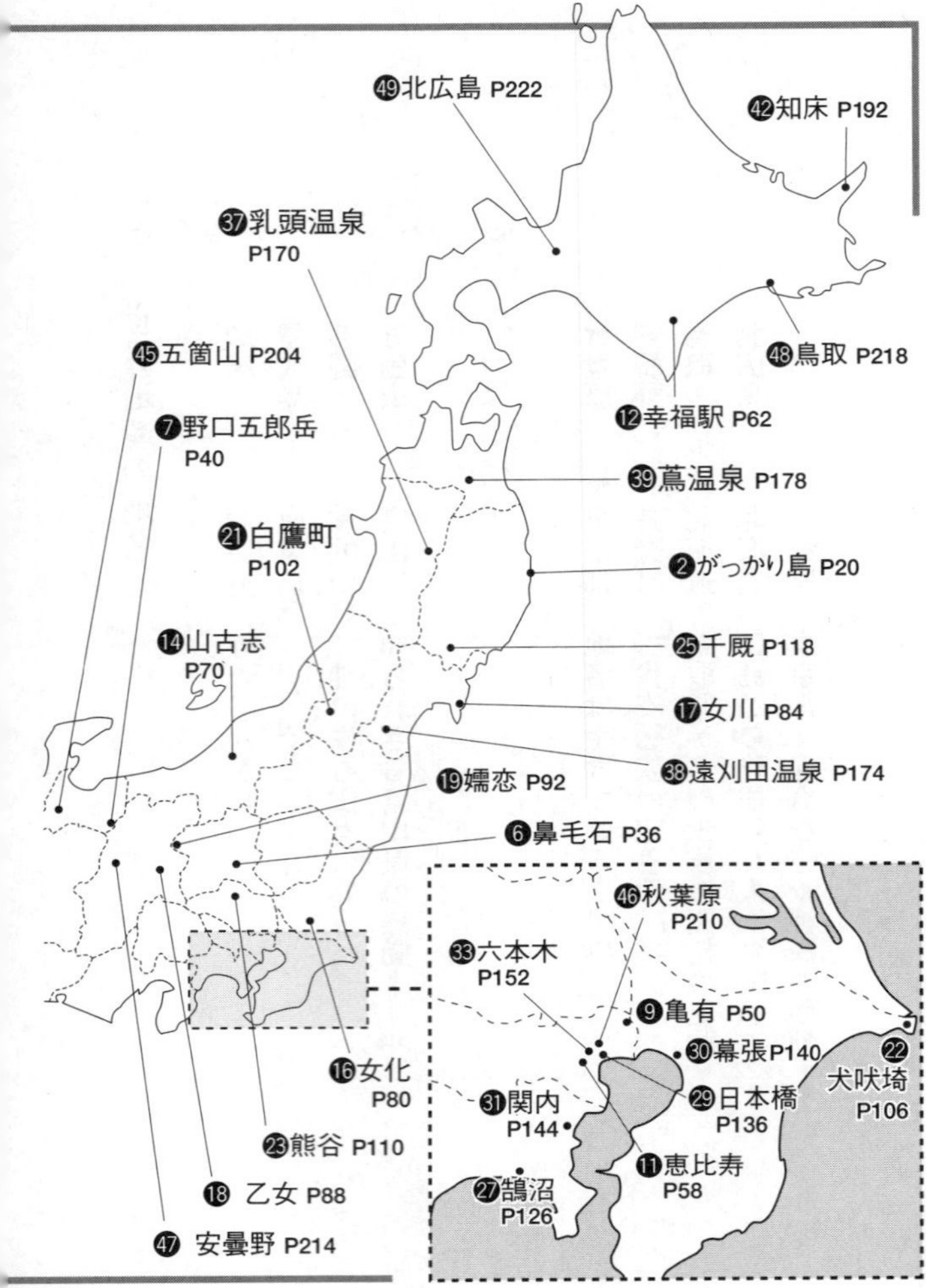

㊾北広島 P222
㊷知床 P192
㊲乳頭温泉
P170
㊺五箇山 P204
㊽鳥取 P218
⑫幸福駅 P62
❼野口五郎岳
P40
㊴蔦温泉 P178
㉑白鷹町
P102
❷がっかり島 P20
⑭山古志
P70
㉕千厩 P118
⑰女川 P84
㊳遠刈田温泉 P174
⑲嬬恋 P92
❻鼻毛石 P36
㊻秋葉原
P210
㉝六本木
P152
❾亀有 P50
㉚幕張P140
㉒
犬吠埼
P106
⑯女化
P80
㉛関内
P144
㉙日本橋
P136
㉓熊谷 P110
⑪恵比寿
P58
⑱ 乙女 P88
㉗鵠沼
P126
㊼ 安曇野 P214

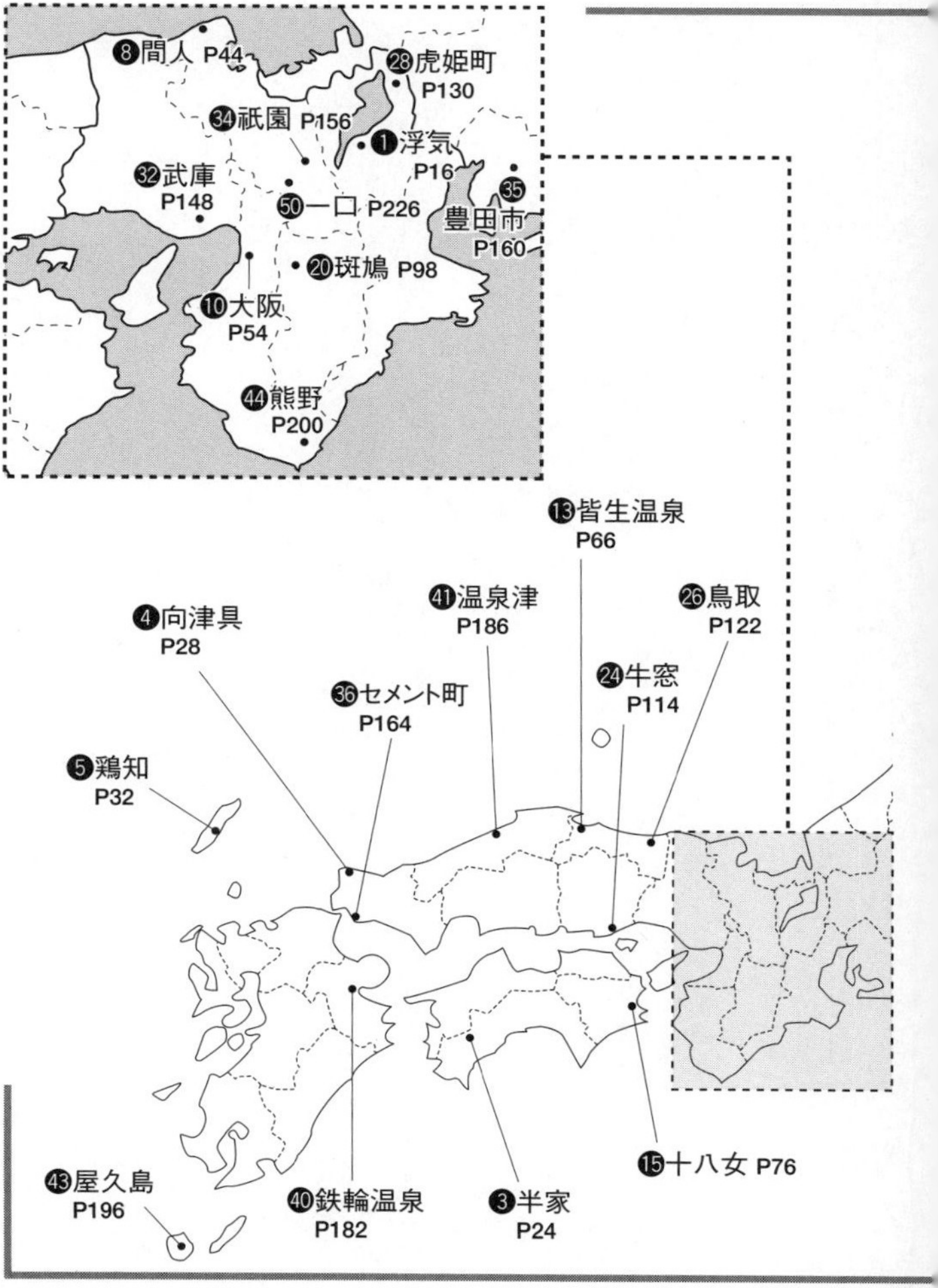

❽間人 P44
㉘虎姫町
P130
㉞祇園 P156
❶浮気
P16
㉜武庫
P148
㊿一口 P226
㉟
豊田市
P160
⑳斑鳩 P98
❿大阪
P54
㊹熊野
P200
⓭皆生温泉
P66
㊶温泉津
P186
㉖鳥取
P122
❹向津具
P28
㉔牛窓
P114
㊱セメント町
P164
❺鶏知
P32
⓯十八女 P76
㊸屋久島
P196
㊵鉄輪温泉
P182
❸半家
P24

図版作製　日本アートグラファー

1　どっきり、びっくり、不思議な地名

浮気　滋賀県　浮気っぽい人が住む町？

その昔、滋賀県の守山(もりやま)市のある病院に講演に行ったときの話である。講演が終わって院長室で話していると、院長さんが、

「私の住んでいるところは浮気町と書くところで、浮気する人ばかりだと思われて迷惑しているんですよ」

と言うではないか。それが私と「浮気(ふけ)」との出会いだった。

私が「そこは湿地帯のようなところではないですか」と聞いてみると、まさにその通りだと言う。

「フケ」という言葉は、漢字伝来以前からあった和語で、「深」「更」といった漢字が当てられてきた。地名としては「布気」「婦気」「福家」とも書き、全国でかなりの数見られる地名である。いずれも田んぼのような低湿地帯を意味している。

関東では「ヤツ」とか「ヤチ」という地名が多いが、これらも低湿地帯を意味してい

清流がめぐる浮気の里

る。漢字では「谷津」「谷戸」のほかに単純に「谷」などを当てている。日本の地名はそのほとんどが漢字を当てられているために、漢字に引きずられてしまうことがあるが、意味がよくわからなかったら、まずその漢字そのものを疑ってみることである。

何年ぶりかで浮気に足を運んだ。JRの守山駅で降りて裏手に数分も歩くと、そこはもう浮気の里。浮気の里の中心はやはり住吉(すみよし)神社である。その昔、土御門(つちみかど)天皇(一一九五〜一二三一)が病に倒れたとき、この土地の大蛇を退治して献上したことによって、天皇は健康を回復され、そのときから住吉神社では大蛇を火で追う儀式が始まったという。

住吉神社は数十センチほど高台にあり、かつては田んぼであった浮気の里を見渡せるような位置にある。

里の一角に「よみがえる『浮気(ふけ)』」として、看板にこう記してある。

この地は古来より益須川の伏流水が多く泉を湧かせて水清く森茂る豊かな自然の地であった。村中池より湧き出て地下水は浮気の里中をくまなく巡り、秋から冬の間は水蒸気が朝日に映え紫気が雲間に漂うさまを、「紫気天に浮かびて雲間に動かず」の詩より浮気(ふけ)と名付けられたと聞く。

一〇年ほど前に来たときと比べると、建て替えられた家が増えただけ、昔の面影が少しなくなったともいえるが、家の周りをこんこんと湧いてやまない水が流れている様は変わらず美しい。滋賀県ではこのように住宅の周りを川が流れている風景が多く見られるが、これも関西の風景の一つだろう。

ふと見ると、看板に「ハリヨは、トゲウオ科イトヨ属の淡水魚で、現在は岐阜県と滋賀県の一部にしか生息しておらず、絶滅の危機に瀕（ひん）している魚の一つです」とある。「ハリヨ」なる魚がこの清流に生息しているらしい。

すると、お孫さんを連れたお婆ちゃんが声をかけてくれた。そこで「ハリヨってどんな魚ですか」と聞いてみた。

お婆ちゃんと呼ぶにはまだ若い彼女は、ハリヨが泳いでいる場所に連れて行ってくれて、丁寧に孫に諭（さと）すように「この小さな魚がハリヨですよ」と教えてくれた。小さなすばやい泳ぎをする魚だった。

旅人にとっては、こんな親切心がとても嬉（うれ）しい経験だ。

がっかり島　岩手県　子どもがつけた地名？

日本の地名は、そのほとんどが漢字で表現されている。最近は市町村合併でひらがなの市町村名も増えてきたが、長い歴史的伝統を考えると、漢字の地名がポピュラーになっている。

岩手県の宮古（みやこ）市に「がっかり島（とう）」という島があるという情報を得た。「がっかり」というような人の感情を表す地名はまず見かけないので、早速現地にかけつけてみた。

盛岡（もりおか）から東へ約一〇〇キロ車を飛ばすと宮古市に着く。世にいう浄土（じょうど）ヶ浜はまさに極楽浄土のような美しい風情（ふぜい）を見せている。

がっかり島は浄土ヶ浜のすぐ近くにあると勝手に考えていたのだが、がっかり島のある真崎（まさき）は実は十数キロも北に位置していた。

この一帯は陸中海岸国立公園に指定されているだけあって、リアス海岸はしばしば息を呑（の）むような美しさを見せてくれる。

正面の丸い岩ががっかり島

とにかく、がっかり島なる島を発見（まさにそんな雰囲気だ）し、その写真を撮らねばならない。島そのものは幅二〇メートル程度の小さいものだが、そのユニークな島にめぐり合うのが今度の旅の最大の目的だ。

真崎海岸に着くとまず目にとまるのが、展望台だ。ここからは真崎海岸の切り立った岸壁が海に鋭く突き出しているのがよくわかる。そこから急な階段を百段も登ると尾根に出、しばらくいくと真崎灯台のある広場に出る。

この地点からがっかり島が見えないかと期待をかけて灯台の近くに作られた展望台に登ってみた。

「見えた！」

確かにそれらしき島が見える。地図と照らし合わせてみても、間違いなく「がっかり島」である。

実は、このがっかり島には陸地伝（づた）いに行くルートはなく、この高台から見えないことには、取材は失敗ということになる。あやうく「がっかり」するところだった！

さて、この「がっかり島」にはどんな由来がひそんでいるのだろうか。

ごく一般的にいわれているのは、「がっかり」は崖が多いという方言で、このような島名ができたというもの。しかし、役場の方の話だと、こんな説もある。

昔からこの島一帯はアワビの産地で、よく子どもたちもアワビ取りに出かけたところだそうだ。何度行ってもアワビが取れないと「がっかり」して帰ってきたところから「がっかり島」という名前になったという。たぶん、「お父ちゃん、今日もだめだったー、がっかりだね」などと、子どもが言ったところからついたというのである。

いまは、このがっかり島は子どもが簡単に近づける場所ではない。実際のところは崖が多いという方言からつけられたものだろうが、このように子どもの発想により地名がつくケースはけっこうある。

私の住む千葉市に「カッパエビセンコース」という知られざる坂道がある。これは全長五〇メートル程度の坂だが、あまりにも急で、自転車でさしかかると「やめられない、とまらない、カッパエビセン」状態になってしまうというところから子どもがつけた。子どもの知恵である。

全国的に子どもの命名による地名は少なくない。子どもが地域を遊びまわっていたころは、子ども同士に共通の地名が間違いなく存在した。がっかり島にも同じく子どもの発想が活きているように思う。

半家　高知県　平家の落人伝説は正しいか

「半家」と書いて「はげ」と読む。これもどっきり地名の一つである。現地で、「半家と書いてはげと読むんですよ」というガイドの話を、多くの観光客が「へえ…!?」といった顔つきで聞いている。同時に中高年の男性は照れくさそうに苦笑いをするのが落ちである。

実は、この半家には面白い伝承がある。その昔、平家が滅亡した後、落人（おちうど）が当地に逃げ延びてきてこの地に住むようになったが、平家の落人であることを隠すために、「平家」の「平」の横一本を下げて「半家」にしたというのだ。つまり、

「平家」→「半家」

ということだ。これはこれでとても面白い話だ。これぞ先人の知恵ということもできよう。しかも、きわめて説得力がある。

この話を聞いたとき、私にはまずピーンとくることがあった。あとで説明するように、

四万十川の風景

この地名は一〇〇パーセント地形に由来する。平家の落人伝説は話としては面白いが、それはそれとして聞いておくことにしよう。

この種の地名は現地に行って調べることだ。もし平家の落人伝説が妥当性を持つというのなら、この集落は相当な山の中になくてはならない。四国には祖谷（いや）地方をはじめとして平家の落人が隠れ住んだという地域があちこちにある。そのほとんどが高い山の上にある。隠れるとしたら、そのようなところでないと生き延びることは不可能だからだ。

まず現地に行くことにした。高知駅から特急「しまんと1号」で約一時間で窪川（くぼかわ）に着く。ここで予土（よど）線に乗り換えてコトコトと二両編成の列車に揺られていく。この線には面白い駅名がある。順番に「土佐大正」「土佐昭和」という駅がある。

小一時間で半家の駅に着いた。私がイメージしていた土地とはまったく異なっていた。もし、平家の落人伝説が正しいとしたら、相当な山奥でなければならないと先に述べた。しかし、事実はまったく異なっていた。半家の集落は四万十（しまんと）川を目の前にした広々とした空間に位置していた。

私の仮説が当たった。先に述べたように、半家は地形に由来する。どんな地形か。それは「崖」である。地名学的には常識になっているが、「ハケ」「ハゲ」「ホキ」「ボケ」というのは、崖を意味する地名である。これはおそらく縄文時代の文字を持たなかった時代からわが国に定着していた地名である。それに漢字を当てはめたので、多くのバリエーションが生まれることになった。たとえば、「ハケ」「ハゲ」ならば、「羽毛」「波毛」など。そして「ボケ」ならば、同じ四国にある「大歩危小歩危」などである。同じ理屈で考えれば、「半家」は「ハゲ」つまり「崖」の意味である。

それを証明するように、半家の駅はまさに集落の上の崖の上に位置している。四万十川沿いに歩いていると、「土石流危険渓流」という看板が目に入った。そこには「土石流が発生する恐れがありますので大雨の時は十分注意してください」と書いてある。やはり、相当な崖なのである。

もともと、「ハゲ」であったこの地に、平家の落人伝説が重なったと見るのが正しい。

四万十川沿いに次の「江川崎（えかわさき）」駅までの四キロあまりを歩いた。さすがに四万十川は見事である。「四万十」の地名の由来については諸説あり定説はないが、「四万」は「シマ」の意味だろう。この場合の「シマ」は領域、テリトリーを示す言葉である。この川についてはもう少し調べた上で報告したい。

向津具　山口県　超むかつく地名?

「おたく、どこの生まれ?」

「長州のムカックです」

「ムカック?　変わったところだねえ。どういう字を書くんだい?」

たぶん、昔からこんな会話が続いてきたことだろう。とにかく聞いただけで「むかっく」地名というのは、全国広しといえども、山口県の向津具《むかつく》しかない。

この向津具、いちどは行かなければ始まらないと考えていた。山陰線の「人丸《ひとまる》」駅で降りればいいのだとはわかっていた。東京からどうしても日帰りで取材しなければならず、いろいろ考えたのだが、福岡空港から往復するしかないということになった。新幹線で厚狭《あさ》まで戻り、美祢《みね》線で山あいを走ること五〇分で長門市《ながとし》駅に着く。そこで山陰線に乗り換えて十数分で「人丸」駅に着いた。タクシーしかないと思ったのだが、運よく向津具方面のバスが出るところだった。

高台から向津具と油谷湾を望む

地方はどこでも同じだが、乗客はお年寄りがわずかにいるばかりだ。親切な運転手のガイド付きで、無事「向津具下」地区に着くことができた。何でも、この地区には楊貴妃のお墓が残されているという。「何で、この地に楊貴妃が？」とだれもが疑問に思うことだろう。日本でも小野小町の伝説はあちこちにあるので、それに類似した話と見ればいいのだが、それにしても国境を越えた話なのでいささかびっくりする。

楊貴妃伝説を伝えているのは、この地区にある二尊院という真言宗の寺院である。その由緒書には、「また、昔より絶世の美女楊貴妃が安禄山から逃れ小船に乗り日本海を渡りこの地へたどり着き息を引き取ったという伝説が残っており、境内には楊貴妃のお墓と伝えられる五輪塔とその菩提を弔うために彫られたという国指定重要文化財、本尊二尊仏（阿弥陀如来・釈迦如来）が安置されております」とある。

お寺そのものは小振りながら、なかなかの風情がある。ただ、境内の入り口にある楊貴妃の像はいかにも観光客向けでいただけない。

さて、この向津具の集落はいかにも昔からの伝統を残す趣のある家並みだ。

もともと、長門国は平安時代の『和名抄』には、厚狭、豊浦、美禰、大津、阿武の五つの郡が記されている。この向津具は大津郡に属していた。この大津郡には九つの郷があったが、その一つが「向国(むかつくに)」であった。

意味からすれば、「向こうにある国」である。ではどこから見ての「向こう」なのだろう。向津具地区は山陰線の伊上(いがみ)方面から見ると、油谷(ゆや)湾の向こうに美しいシルエットを映している。つまり、伊上方面から見て「向こうの国」に当たると考えられたのである。

「むかつくに」の「つ」はどういう意味か。文法的には格助詞で、体言または体言に準ずるものに付いて、連体修飾語をつくるもので、「の」に相当すると見ることができる。つまり、「向の国」ということだ。この「つ」が「津」に重なった。向津具の中心は久津(くづ)の漁港で、古来「津」であったことは間違いない。

高台から見る向津具の集落は美しい。久津地区から小さな山を越えると、そこは本郷地区だが、その一角に「向津具小学校」があった。その裏手には「向津具中学校」もある。子どもたちはこの地名にどんな印象を持っているのだろうか、とふと思った。

帰りにバスの中から見た油谷湾の美しさは見事だった。まるで、油を敷いたような海面に光が映える。「油谷」とはここから来たのかと一瞬思った。

観光客なぞほとんど行かない向津具だが、素晴らしいところだ。こんな風景がどこでも楽しめる日本って国は、やはり美しい！

鶏知　長崎県　神功皇后伝説が色濃く残る

対馬(つしま)を歩いていてびっくりしたことがある。いたるところにハングルが書かれていることである。スーパーの商品置き場も日本語と韓国語で表示されている。それほどこの対馬は韓国に近いのだ。対馬空港に着いて、できれば北端にある韓国展望台に行ってみたいとたずねると、車でないととても行けないと言われ断念した。この展望台からは、晴れた日には釜山(プサン)の車のヘッドライトさえ見えるのだそうだ。距離はわずか五〇キロ足らず。朝鮮半島とはまさに目と鼻の先のおつきあいなのである。

この対馬に「鶏知(けち)」という一風変わった地名がある。なぜ、こんな変わった地名がついたのか。ここには何と千数百年も前と推定される神功皇后(じんぐうこうごう)の伝説が息づいている。仲哀(ちゅうあい)天皇のお后(きさき)に当たる神功皇后は、九州のいたるところに伝説を残している。俗にいう三韓を征討するためにこの地に着いたのだが、初めての地でどこに人家があるかもわからない。すると、東のほうから鶏の鳴き声が聞こえて人家があることがわかり、ここに滞留し

鶏知の海から朝日を望む（上）／鶏知の町と子どもたち

たというのである。

この地域には、すっかりこの伝説がなじんでいる。この地は昔は「鶏知村」と呼ばれていたが、その後美津島(みつしま)町になり、平成一六年には対馬全体が対馬市として統合されたので、現在は対馬市美津島町鶏知という住所になっている。

町を歩いていると、数名の小学生に会ったので、町のことをいろいろ聞いてみた。まず、ここには「鶏知小学校」とか「鶏知中学校」があるのか聞いてみると、「鶏知中学校はあるが、鶏知小学校はない」と言う。小さな町だから両方とも「鶏知」がつくのかと思ったら、そうではないと言う。あとでわかったことだが、この地にある幼稚園と小学校はそれぞれ「鶏鳴(けいめい)幼稚園」「鶏鳴小学校」という。「鶏鳴」という名前こそ神功皇后伝説そのものである。

小学校二年生から五年生まで、五人の子どもたちが町を案内してくれた。どこか、写真を撮るのにいいところないかなと聞いてみると、少し上のお墓のところがいいと教えてくれた。とても素直なよい子ばかりで心を和(なご)ませてくれた。

さて、この「鶏知」という漢字だが、本当は「雞知」と書くのが正しいようだ。しかし、町の表示はまちまちだ。バス停などは「雞知」になっているが、郵便局は「鶏知」になっている。これもやや不思議だ。

タモリのジャポニカロゴスでこの「鶏知」を扱ったことがある。番組では、「鶏知」は地形的に浅茅(あそう)湾の奥に位置しているため、奥まったところという意味での「穴」「結」ではないかとコメントした。それはあながち間違ってはいなかったようだ。

というのは、この鶏知の地点は東西一八キロ、南北八二キロの対馬の中で、東西の海がいちばん接近している地点にある。島の東西に広がる対馬海峡の西水道と東水道の接点になっているのが、この地域なのである。西水道から浅茅湾が深く入りこみ、美しいリアス海岸になっているが、そのいちばん奥が樽ヶ浜の港であり、そこから一五分も歩くと東水道の高浜の港に出る。いずれも鶏知の地域である。

対馬は古くから「対馬」と書かれていたが、『古事記』では「津島」になっている。もともと「対馬」と書いてなぜ「つしま」と読むのか、不思議である。文字通り、北の島と南の島が対になっているところからついたというのはいかにもありそうな説で、たぶんそんなところかもしれない。では、なぜ「馬」と書いて「しま」なのか。これはある時点で、「島」を「馬」に書き間違えた可能性がある。

地名の世界ではよくある話である。

鼻毛石　群馬県　「鼻ヶ石」から生まれたどっきり地名

「鼻毛石(はなげいし)」というと、群馬県の人はけっこう知っている。「そうですね、変な地名ですよねえ」と感慨深く話す人が多い。

「鼻毛石」という地名からイメージされるのは、鼻毛のような苔(こけ)がいっぱい垂れている石、岩に穴が二つあいていて苔が生えている……といったものであろうか。どうもいいイメージではない。

はたして、そんな石があるのだろうか、という期待と不安を抱えながら現地に足を運んでみた。

鼻毛石という集落は群馬県勢多(せた)郡宮城(みやぎ)村にある。ただし、平成一六年の市町村合併によって、宮城村はいまは前橋(まえばし)市に編入されている。

北関東自動車道の駒形(こまがた)インターを降りて、しばらく車を走らせると、赤城山(あかぎやま)の緩やかな傾斜地に入り、どんどん高度を増してくる。赤城山は国定忠治(くにさだちゅうじ)の話でも有名だが、群馬

これが話題の鼻毛石

県では榛名山・妙義山と並ぶ上毛三山の一つだ。東西約二〇キロ、南北約三〇キロに及ぶ大型の活火山である。鼻毛石はその南面の傾斜地に位置している。

かつての村役場で、鼻毛石のある場所を聞いてみると、すぐそこだという。どんな石だろうと、期待で胸がいっぱいになり、教えられた道に向かった。坂の入り口にその石はあった。石というよりも巨大な岩である。周囲は一一メートルもあるという。

この鼻毛石だが、赤城山の噴火で飛んできた大きな岩に穴が二つあいていて、そこに苔が生えて鼻毛のように見えたところから、この地名がついたといわれている。

この岩がいつごろ飛んできたかは、もちろんわからない。赤城山は頭部が切れた成層火山でおよそ五〇万年前に生まれたといわれている。この規模の岩が飛んできたとすると、相当の昔と考えられる。人が生活していたところに飛んできたという確率は低く、岩があったところに住み着いたというのが正確なところだろう。しかし、いずれにしても山の神様がもたらしたものだけに、人々の信仰はそれなりにあったものと推測される。

赤城山はいまは休眠状態だが、かつては大きな噴火を繰り返していたと思われる。一帯を車で走ってみると、あちこちに似たような巨大な岩が点在している。それらの中では鼻毛石は飛びぬけて大きい。

一般に言って、「石」がつく地名のところには、間違いなく実物の石がある。地名というものは、複数の人々が承認してくれないと成立しないところにその本質がある。石がないところに「〇〇石」という地名がつくとは考えられないからだ。だから、鼻毛石にはそれなりに石が存在しているのである。

問題は「石」ではなく「鼻毛」である。「鼻毛」のうち「鼻」はまだ許せる。というよりも理解できるといったほうが正しい。長野県の美(うつくし)ヶ原(はら)に「王(おう)ヶ鼻(はな)」というポイントがある。そこは台地状に広がっている美ヶ原高原の突端にあり、松本(まつもと)方面から見ると「王の鼻」の形をしていて、このように呼ばれている。「鼻」という地名はもともと鼻の形状に由来すると考えてよい。

そうなってくると、結局は問題点は「毛」だけということになる。地元ではもともと「鼻ヶ石」と呼んでいたそうで、それが事実なら「鼻の石」つまり「鼻の形をした石」という意味になる。もとは「鼻ヶ石」と書かれていた地名が「鼻毛石」に変わったと考えることができる。

このような改変は地名の世界ではどこでもあることで、昔の人が駄洒落でつけたのが、いまに伝えられていると考えるのが妥当な解釈である。

野口五郎岳　長野県・富山県　歌手野口五郎との関連は？

由来を一度知ってしまっても、なるほどといつまでも頭から離れない地名がある。野口五郎岳はその典型のような存在だ。とにかく面白い。その意味でとっておきの地名である。

野口五郎岳というのは北アルプスにある山で、山にそう関心を持っていない人でも、どこかで聞いたことがあるかもしれない。山仲間では「裏銀座コース」の中でも存在感のある山として知られる。標高二九二四メートルで、三〇〇〇メートルにわずかに及ばない。

北アルプスの表銀座というのは、中房温泉から燕岳に登り、あとは尾根伝いに大天井岳（二九二二メートル）を経て槍ヶ岳（三一八〇メートル）を目指すルートである。

それに対して、裏銀座とは、高瀬川沿いに烏帽子岳（二六二八メートル）に登って、あとは尾根伝いに三ツ岳（二八四五メートル）、野口五郎岳（二九二四メートル）、三俣蓮華岳（二八四一メートル）などを経て、槍ヶ岳に向かうルートである。

野口から見た野口五郎岳

この野口五郎岳にはなぜ、人名がついているのだろうか。これが謎である。野口五郎といえば、昔、郷ひろみ・西城秀樹とともに新御三家として人気のあった歌手である。なぜ、そんな歌手の名前が山についたのだろう。

可能性は次の二つしかない。

① 野口五郎という歌手名から、野口五郎岳という山の名前が生まれた。

② 野口五郎岳という山の名前から、野口五郎という歌手名が生まれた。

これを見極めるのは簡単だ。野口五郎がいつ生まれたかがわかれば、答えがすぐ出る。野口五郎が生まれた年以前から野口五郎岳があれば、答えは②になる。そうでなければ答えは①である。

実は、野口五郎は昭和三一年に岐阜県美濃(みの)市に生まれた。もちろん、野口五郎岳の名前はそのずっと前からあった。したがって、答えは②である。つまり、野口五郎という歌手名は野口五郎岳からとったということである。

高校時代にすでにデビューした野口五郎は、芸名が必要となった。当時の担当プロデューサーが大の山好きで、「日本アルプスの野口五郎岳のように大きくなってほしい」という願いのもとに野口五郎という歌手名が決まったとのことだ。

さて、肝心の「野口五郎岳」とはどのような意味なのか。まず「五郎」だが、これは意外に単純で、岩が「ゴロゴロ」しているところから来ている。少し表現を変えれば「ゴーロ」にもなる。箱根の「強羅(ごうら)」はこの「ゴーロ」の音が変化したものである。

五郎の名がつく山は全国で一七ほど確認されているが、北アルプスにはもう一つ「黒部(くろべ)五郎岳」がある。

さて、問題は「野口」である。この「野口」の面白さに引き込まれて、私は大町(おおまち)市に何度も足を運ぶことになった。

現在のルートでは野口五郎岳に向かうルートは、もっぱら長野県の大町市から入る裏銀座コースになっている。だから、どうしても長野県の山というイメージが強くなっている。実は、大町市の「野口」という地域からこの山がよく見えるので、「野口五郎岳」という山の名前がついたとされている。

日本には数知れない山があるが、その山が見える地域名から山の名前が生まれたというのはきわめてまれである。

野口には何度か通って、ようやく満足いく写真が撮れた。野口五郎岳の勇姿をとくとご覧あれ！

間人　京都府　カニの里に残る伝承とは

季節が季節である。一二月の寒いある日、テレビで「間人」のカニの番組をやっていたと妻が報告してくれた。何でも「間人」と書いて「たいざ」と読むらしいことと、ここの「間人ガニ」は幻のカニと呼ばれて、多くの観光客が行っているらしいとの情報だった。

早速調べてみると、この間人にはとても興味ある歴史が秘められていることがわかった。それに、何としてもこの「間人ガニ」なるものを食べてみなければ始まらない、と思った。ということで、翌日京都に向かった。

京都駅までは、あっという間に着いてしまったのだが、そこから日本海側に出るのが大変だ。北近畿タンゴ鉄道に乗り換えて三時間半もかかってようやく網野(あみの)駅に着いた。

そこからバスで約四〇分揺られていくと、間人のバス停に着いた。でも、〈日曜日なのに〉か、〈日曜日だから〉か、人らしき姿はまったく見えない。せめてカニを食いたいとコンビニで「どこかカニを食べさせてくれる店ないですかね」と聞いてみると、「突然来

皇后が滞在したという間人の浜

て言われてもねえ」と心もとない言葉が返ってきた。

「間人」をなぜ「たいざ」と呼ぶようになったかについては、面白い伝承が残っている。

聖徳太子の時代だから、すでに一四〇〇年も前のことになる。

聖徳太子は用明天皇の皇子だが、その母親に当たるのが「穴穂部間人」皇后といった。もちろん用明天皇のお后である。

六世紀の末、仏教に対する考えや皇位継承問題をめぐって蘇我氏と物部氏の間の争いが激しくなり、この混乱を避けるために、この地に滞在されたという。当時は大浜の里と呼ばれていたらしい。この地に滞在中、里人の手厚い持てなしを受け、皇后は大いにこの地が気に入ったとのこと。そこで、争いが終わって斑鳩に帰ろうとした際に、ぜひ自分の名前を村に与えようとされたとのこと。

砂浜に記念碑が建っており、こんな歌が刻まれている。

大浜の里に昔をとどめてし
間人村と世々につたへん

つまり、自分の名を村に残したいと考えたのである。しかし、村人たちは皇后様のお名前をいただくことなぞ滅相もないとして、皇后が「ご退座」されたというところから「間人」を「たいざ」と読むことになったという話である。

これはこれで何となく信憑性が高い話だと思う。このような難読地名の場合、いちど漢字をはずして音で考えてみるというのが地名研究の常套なのだが、「タイザ」を地形などから推測しても、思い当たることが浮かばない。だから、このような史実があったのではないかと推測するしかないのである。

役場の近くにようやく一軒のレストランを発見。早速カニを注文してみた。

カニの酢の物、カニの刺身、焼きガニなどを注文して食べてみた。これは驚きだった！いままで食べてきたカニって何だったのか！　と思える旨さである。本当に旨い！

食べ終わって、土産品を買おうと売店に入って、間人ガニを家に送ろうと聞いてみたところ、間人ガニは一杯二万円もするという。とても手が出ないと思って諦め、「じゃあ、さっき食べたカニは間人ガニではなかったんですか」と聞いてみると、「あれは冷凍の松葉ガニですよ」と言うではないか！

結局、幻の間人ガニを食べるという野望は、幻に終わったのでありました。

2 縁起をかついだ地名

亀有　東京都　「亀有」は昔「亀無」だった！

「クイズ！日本語王」という番組で地名を扱ったとき、最初に取り上げたのが、この「亀有」だった。何しろ、この亀有はかの秋本治の人気マンガ「こちら葛飾区亀有公園前派出所」の舞台だからである。この作品を知らない日本人はそうは多くない。『少年ジャンプ』に三〇年も連載されており、独特の世界を築いている。だから、地名のクイズの導入にするのはもってこいのネタなのである。

番組で私が「この亀有は昔はこう呼ばれていなかったんです。どう呼ばれていたでしょう」と質問したところ、ゲストの中尾彬さんだけが、「昔は亀無と呼ばれていた」と答えた。さすが中尾さんである。

この亀有、江戸時代より前には「亀無」「亀梨」と書かれていた。もちろん、読み方は「かめなし」であった。室町期に書かれた『義経記』によると、治承四年（一一八〇）九月一二日、頼朝が隅田川を渡るくだりに、「亀なし」と書かれている。また応永年間（一

マンガのモデルになった交番（右奥）と両さんの銅像

三九四～一四二八）、永禄年間（一五五八～一五七〇）の文献でも「亀なし」とし、「亀無」「亀梨」の文字が使われているという。（『亀有区史』）

それを「かめあり」に変えて「亀有」としたのは、正保元年（一六四四）のことだといわれる。幕府が国図を作成するに当たって、「なし」は縁起がよくないので「あり」にしたというのだ。

日本語の中には縁起をかつぐ言葉が多くある。いずれも場の状況を見て判断するケースが多い。宴会などで締めるときに「お開き」などというのと同じである。

ところで、この「亀」というのはどういう意味か。地名の亀というのは、ほとんどの場合地形を指している。「葛飾区郷土と天文の博物館」が著した『かつしかの地名と歴史』でも、亀は生き物の亀ではなく、亀の背中のような島状の小高い土地を表していると書いている。

全国的に「亀甲山」という地名は見られるが、それは亀の形をした岡を意味している。

それでは「なし」をどう解釈すべきか。「無」「梨」というのは単なる当て字である。この場合の「なし」は否定の「無し」ではなく、肯定の「なす」に通じる言葉であろう。

私流に解釈すれば、この「なし」は接尾語の「なす」の変形ではないか。接尾語の「なす」は、名詞について「……のような」「……に似ている」という意味になる。たとえば、「緑なす黒髪」といえば、「緑のような黒髪」という意味になる。

そう考えると、「亀無」は「亀のような土地」といった意味になる。

番組でこのような説明をしたところ、柴田理恵さんが「そうですかー！　そういえばそうですね！」といつもの調子で盛り上げてくれた。

さらに「なす」にもう一つの解釈をつけ加えることも可能である。「なす」を「成す」と考えると、さらに意味は深くなってくる。「成す」は「成る」の他動詞だが、「あるまとまったものを作り上げる、築き上げる」といった意味である。亀有のように、多くの河川（かせん）に囲まれた土地では、川によって運ばれた土砂が堆積（たいせき）し、亀の背のような土地が自然に出来上がったというように解釈することができる。

葛飾区は東京でも下町の外れに当たり、川を越えればすぐ千葉県というところにある。昔から度重なる水害にあってきた地域なので、水に対する構えはしっかりしているし、寅さんの映画の舞台になった葛飾柴又（しばまた）など、江戸情緒たっぷりな地域である。

博識な両さんは、こんなことはとっくに知っているかもしれない。

大阪　大阪府　「小坂」から「大坂」、そして「大阪」へ

「大阪」はもともと「小坂」だった！　この事実はあまり知られていない。古代より難波津と知られてきた大阪だが、安土桃山時代までは「小坂」もしくは「尾坂」と呼ばれてきた。東京はいたるところ坂があり、文字通り「坂の町」だが、大阪の町自体は低地にあり、いかにも坂の地名はそぐわない感じがする。が、この大阪こそ、縁起の町なのである。そのからくりを説明しよう。

「小坂」と呼ばれてきた町がなぜ「大坂」になったかといえば、きわめて単純で、「小さな坂」より「大きな坂」のほうがいいと考えたからである。この場合、「大小」が問題なのでなく、「坂」が問題なのである。「坂」が大きいか、小さいかはかなり主観によるもので、どうとも言えるのである。ならば、小さいよりも大きいほうがよかろうということで「大坂」にした。

ところが、この「大坂」という地名、必ずしも受けるイメージがよくないということに

こんな風景が大阪城には似合ってる（？）

なった。その理由として、浜松歌国が書いた『摂陽落穂集』には「ある人のいはく、大阪と書くに坂の字を用ゆること心得べし、坂の字は土偏に反るといふ、土に返るとあるゆへ忌みきらひ、阜偏に書くべし」と書かれている。

要は、「坂」は土に返る、すなわち「死」を意味するので縁起が悪いから「阪」を用いるべしということである。

江戸時代には多く「大坂」が使われていたが、後期になると「大阪」が次第に用いられるようになった。『大阪の町名』によれば、「阪」の字を使った一番古いものは住吉神社の表通りにある石灯籠で、天明六年（一七八六）のことだとされる。

そこで、大阪のもとになった「小坂」を探しに大阪まで出かけてみた。もともと大阪は淀川水系に発達した町で、中之島、心斎橋、道頓堀といった地名に象徴されるように川や堀が縦横にはりめぐらされた町で、坂らしい坂など見当たらない。

夕暮れ迫る大阪城を写真に収めようと外堀に沿って歩いていると、「法円坂」なる看板が目に入った。「あれ？　このへんは坂なんだ」と思っていると、歩いてきた道は「上町筋」だということがわかった。

大阪では南北に走る大きな道路には「○○筋」という名前がついている。これはとてもわかりやすい命名の仕方だ。そこで、確認したところ、大阪城の西側を走る筋は「上町筋」というのに対し、その西側を南北に並行して走る筋は「谷町筋」というではないか！

これは大きな発見だ。タクシーの運転手さんに聞いても（しかも、何人にも聞いたのだが）、上町筋はやや高い丘の上を走る筋で、明らかに谷町筋から行くと「坂」になっているというのだ。

何とわかりやすい道理だろう！　つまり、大阪城は大阪の町の中でもいちばん高いところに造られていたのだ。その南側には「難波宮跡」も残されている。古来、都も城も栄えてきたのは、上町筋一帯だったのだ。

翌朝、車でこの坂を越えてみた。確かにそう大きな坂ではない。せいぜい高さにして二〇～三〇メートル程度の「小坂」である。しかし、見方を変えれば「大坂」にもなる。大小はあくまでも主観である。

大阪の繁華街「ミナミ」はこの上町筋を下ったところにある。いつ行っても活気がある。「道頓堀」という地名は安井道頓が開削（かいさく）したところからつけられた。その北にある「心斎橋」は同じくこの地の開発に貢献した岡田心斎に由来する。その間にある「宗右衛門町（そえもんちょう）」も人名に由来する。やはり、大阪は人々の努力によって開発された町なのだ。

恵比寿　東京都　ヱビスビール発祥の地

恵比寿(えびす)という街は、それだけで若者たちを呼べる街ではなかった。いまでも駅前の広場は何となく華やかさに欠け、遊びたいという感じのする街ではない。このイメージを大きく変えようとしたのが、平成六年にオープンした「恵比寿ガーデンプレイス」である。いまや、若者たちは駅を降りるとまっすぐガーデンプレイスの方に足を向けてしまう。

恵比寿ガーデンプレイスにはデパートやシネマ、イベントホール、ビアホールなど多彩な施設が配置されており、都内でも代表的なアミューズメントセンターの一つである。

ところが、この場所がかつて恵比寿ビールの工場であったことを知る人は少ない。三越デパートの裏手にひそかにサッポロビールの本社がある。恵比寿ビールとはもともとサッポロビールの製品なのであった。

サッポロビールには大きく分けて二つの流れがある。一つは明治九年札幌(さっぽろ)に創業した開拓使麦酒醸造所であり、これがサッポロビールの本流である。もう一つは明治二〇年、東

ガーデンプレイスに集う若者たち

京に設立された日本麦酒醸造会社である。

東京で生産されることになったビールに関しては、ドイツ人醸造技師の指導もあって、現在のガーデンプレイスの場所に工場を建てて生産を開始した。

なぜ、この地に工場を作ったか。それはここに江戸時代からの用水が流れていたことによる。江戸時代初期に多摩（たま）川から取水して江戸まで水を運ぶ玉川上水が引かれたが、その分水として三田（みた）用水がこの地に引かれていた。ドイツ人技師がこの用水に目をつけ、この地に工場を建設することになったという。

このビールは縁起をかついで明治二三年、「恵比寿ビール」として発売された。もちろん、「恵比寿」という銘柄は、古くから七福神として親しまれてきた恵比寿にちなんでいる。七福神は福徳をもたらす神として信仰されてきた七体の神を指すが、江戸時代半ば以降は、恵比寿・大黒天・毘沙門天・弁財天・布袋・福禄寿・寿老人を指している。そのうち、恵比寿は商売繁盛の神として多くの人々の信仰を集めてきた。

この恵比寿様が味方についている以上、売れ行きが悪くなるはずもない。本格的なドイツ仕込みのビールとあって、多くのビール愛好家に迎えられた。明治二三年に開催された第三回内国勧業博覧会に出品し、見事「麒麟（きりん）ビール」「浅田ビール」「桜田ビール」などと並んで三等有功賞を受けている。

ところが、恵比寿ビールは昭和一八年製造が中止されてしまった。「恵比寿ビール」が「ヱビスビール」として復活したのは戦後の昭和四六年のことで、当時学生だった私はそのことをよく覚えている。「名品。いま、よみがえる。特製ヱビスビール」「目出度いうまさで新発売」「泡までちがいます」ともてはやされた。

このけっこうなビールの名にちなんで、明治三九年には恵比寿駅が誕生。昭和三年には「恵比寿」という町名が誕生した。企業名から生まれた地名は日本全国にたくさんある。ところが、商品名から生まれた地名というのはきわめてまれである。私の知っている限りでは、この恵比寿しか存在していない。

「サッポロビール」は札幌に生まれたビールだが、「恵比寿」はビール名から生まれた地名である。少しややこしい。

恵比寿ガーデンプレイスは駅からちょっと距離があるが、スカイウォーク（動く歩道）があるので、そう遠くは感じない。東京でサッポロビールとヱビスビールをいちばんうまく飲める場所はここだ。

幸福駅　北海道　〈愛の国から幸福へ〉

縁起をかついだ地名としては、この幸福駅はやはり外せないとっておきの地名である。昭和四九年のことだから、いまからもう三〇年以上も前のことになる。「愛の国から幸福へ」のキャッチフレーズのもとに、北海道の「幸福駅」に若者が殺到したことがある。帯広駅から出ていた広尾線の「愛国駅」と「幸福駅」を結ぶわずか六〇円の切符が、翌年の八月までに八〇〇万枚売れたというのだから尋常ではない。〈愛の国から幸福へ〉わずか六〇円で行けるというのなら、誰でもほしくなるチケットであろう。

広尾線は昭和六二年に廃線となり、すでに線路等は撤去されているが、駅舎だけはそのまま保存されている。北海道というところは、歴史が浅いため、情緒ある古い建造物が少なく、歴史好きには物足りなさを感じてしまうのだが、この駅だけは違う。

駅舎の内外の壁にカップルの寄せ書きが重なるように貼りつけてある。いかにこの駅が若者のメッカだったかがわかるというものだ。あれから三〇年以上経ったいま、当時の若

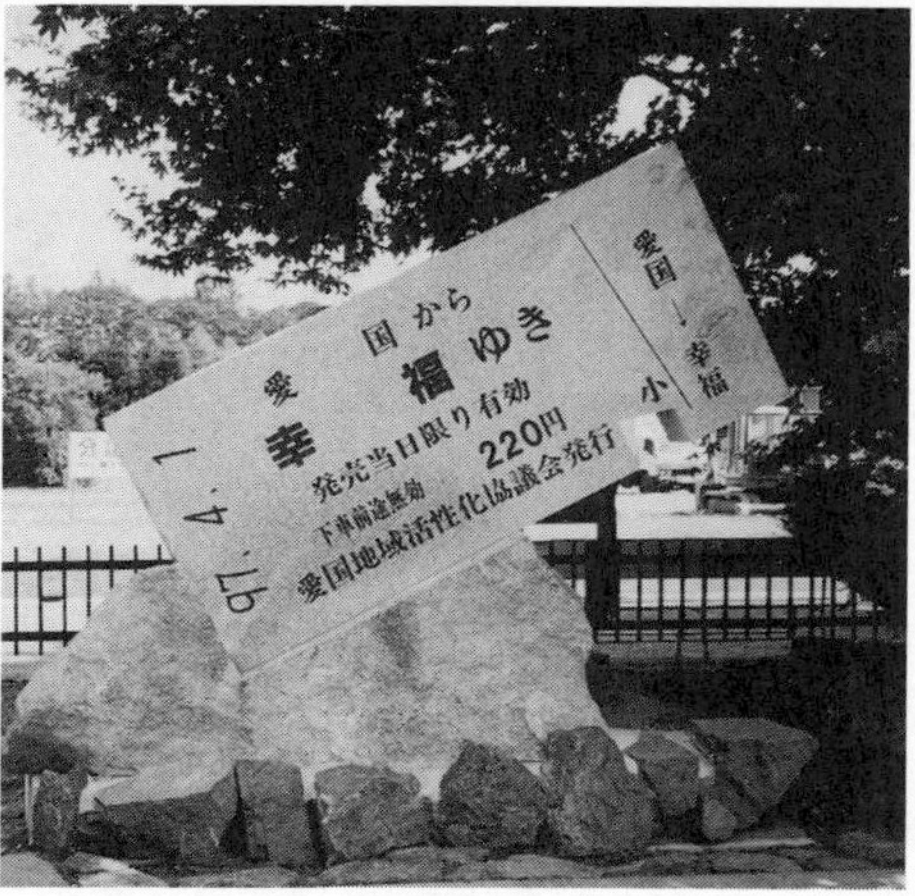

今も若者の心をとらえる幸福駅とモニュメント

者だったカップルはどうなっているのだろう。そんな勘繰りをしていると、いつの間にか日が暮れようとしていた。

さて、この「幸福」だが、どういう経緯でついたのだろう。

広尾線は昭和四年に開業し、帯広駅と広尾駅を結ぶ約六〇キロの鉄道が完成したのは昭和七年一一月のことだった。「幸福」という名の駅ができたのは昭和三一年のこと。それまでは「幸震（こうしん）」駅と呼んでいた。これはただ音読みにしただけのことで、もともとは「幸（さつ）震（ない）」と呼ばれていた。

アイヌ語で「サツ」というのは「乾いた」という意味である。「ナイ」というのは「川」を意味する。すると、「幸震」とは「乾いた川」という意味になる。実際、この地には「札内川」という川が流れている！

ところで、その「幸震」がなぜ「幸福」に変身したかが問題である。「幸福町（こうふくちょう）」という町名ができたのは昭和三八年のことだが、その「幸」はもちろん「幸震」からとった。では「福」はどこから来たのか。

実はこの地域一帯は、明治時代、主に福井県の人々が移住して開拓したところである。「幸福」の「福」はだから福井県の「福」なのだ。明治の新政府になってからの急務の一つは、全国に二百万ともいわれた旧士族とその家族の生活基盤を与えることであった。東北や北陸からの移住者が多いが、ほぼ全国から士族を中心に北海道へ移住し、開拓に従事した。

　明治の中頃、福井県の大野郡はしばしば大きな水害に見舞われた。その復旧の目途が立たないまま、明治三〇年二月、村人たちは百人あまり故郷を後にして北海道に向かった。船で日本海を渡り、北海道の大地に足を踏み入れ、未開の地十勝に着いたのは明治三〇年の三月一六日のことだった。三月とはいえ、厳寒の地北海道である。雪に埋もれた原野を目の当たりにして、村人たちはどんな思いで生活を始めたのだろう。

　気象条件で、この地では米は作れない。もっぱら畜産をするしかなかったのだが、初めての経験で戸惑ったことも多かっただろう。

「愛国駅」は「幸福駅」より一つ帯広よりの駅だが、ここも駅舎だけ保存されている。この「愛国」という地名は、明治四四年、皇太子殿下行啓を記念して代用教員の渡邊賢吉が愛国青年団を作ったことによる。いささか物騒な気もするが、当時はそんな時代であったのだ。

　若者たちはそんなことにお構いなく、若い愛を確かめようと、今日も「幸福駅」や「愛国駅」に集まってくる。

皆生温泉　鳥取県　「海池」から「皆生」への大変身

皆生(かいけ)温泉といえば、山陰地方では最大の温泉地として知られる。しかし、この「皆生」も難読地名の一つで、なぜ「皆生」で「かいけ」と読むのか不思議に思う人も多い。

いまは皆「皆生」という漢字を使用しているが、江戸時代までは「海池」も使用されていた。もともとは「海池」であったと考えられる。

皆生温泉は米子(よなご)市と境港(さかいみなと)市を結ぶ長細い浜（弓ヶ浜とも夜見ヶ浜ともいう）の日野(ひの)川の河口付近に位置している。この弓ヶ浜には東西を結ぶ間道があり、それを「海道(かいどう)」と呼んでいた。その辺り一帯には池が多く点在し、そこから「海池村」となったといわれている。

この一帯は日本海からの海風が激しく吹くところで、風雨のため日野川河口に砂が堆積し、時に海となり、時には池となるといった変化が激しい地形になっている。

慶応三年（一八六七）、海池、皆生を両用していた地名を「皆生」に統一した。たぶん、

皆生海岸から大山（右奥）を望む

海の池というよりは、「皆が生きていける」といった意味の「皆生」を採用したものと思われる。いわば、縁起をかついだのである。

明治一七年頃、皆生海岸の沖合二〇〇メートルくらいの地点に海底からお湯が湧いていることを土地の漁師が発見した。しかし、海の中でお湯が湧いていたとしても、それをこなす技術がないといかんともし難いというのが実情であった。人々はその場所を「泡の場」と呼んでいたという。

ところが、この「泡の場」が年々陸地に接近していることがわかり、そこに目をつけた地元の伊島源太郎が温泉掘削を申請した。

明治三三年（一九〇〇）、偶然にも皆生海岸の浅瀬にお湯が湧きだしているのを漁師が発見し、ここから皆生温泉の歴史が始まった。経緯からわかるように、きわめて新しい温泉である。

温泉の海岸に「皆生温泉開発の祖　有本松太郎翁」の銅像が建っている。有本翁は発見された泉源を最先端の技術をもとに集中的に管理し、都市計画に合わせて温泉街を作ったという。その結果、山陰最大の温泉街ができたというのである。

昭和一一年には、野口雨情（のぐちうじょう）が歌を残している。

海に湯が湧く伯耆の皆生
　波の音さえ寝てて聞く

しかし、日本海の荒波に洗われているこの浜辺は常に浸食が進み、これまでも旅館や泉源が幾度となく流されるなど、大きな被害も受けてきた。確かに、素人目に見ても、山の中に湧く温泉を管理するのは簡単だが、常に浸食を繰り返す砂浜の湯を管理するのは並大抵のことではないことが理解できる。

この海岸の浸食を防ぐために、全国に先駆けて「離岸堤」なる事業を昭和四六年に開始し、一四年間の歳月をかけて、離岸堤群を完成させた。「離岸堤」とは海岸沿いに海の中に新しい堤防を設置する工事である。

初めて知ったことだが、この皆生温泉は日本で初めてトライアスロン競技が行われた場所なのだとか。昭和五六年のことである。

「皆生」はもともと「海池」だったのだが、次第に縁起をかついで「皆生」すなわち「皆、生きる」という温泉に変身した。長寿にあやかれる温泉だというキャッチコピーも次第に定着していくことだろう。

山古志　新潟県　地震に襲われた村の由来は

平成一六年一〇月二三日、夕方の五時五六分頃、私は東京のとあるお祝いのパーティーの席にいた。突然床から天井まで大きく揺らぎ、これは大変な地震だと思ったことを強烈に覚えている。それが中越地震だった。

「山古志（やまこし）」という地名は、この地震で一躍有名になった感じだが、この「山古志」とはどんな意味なのだろう。

「山古志」を「山」「古」「志」の三つの漢字で考えると、訳がわからなくなる。

この場合、「山」は「山」を意味すると考えていいが、「古志」は「コシ」の単なる当て字である。ここではたまたま「古志」を当てているが、時には「越」になったり、「高志」になったりする。

この「越後国」には律令時代には石船（いわふね）、古志（こし）、三島（みしま）、蒲原（かんばら）、沼垂（ぬたり）、魚沼（いをぬ）、頸城（くびき）の七つの郡があった。その中でも、この「古志」郡は重要であった。吉田東伍（とうご）の『大日本地名辞

地震のものすごさを物語る崖崩れ

書』では次のように書いている。

「按に高志国、越国とて上代より名だかきは、北陸出羽までの総称なれど、本来は此古志郡の地を根として、遠く拡布したるごとし、国郡制置の際に古志郡の名を立てられしは、其根本を明示したるに他ならず」

要するに、「古志」郡は、越前・越中・越後から出羽にいたるまでの「越国」の中核であったと言っているのである。越前から出羽までといえば、いまの福井県から山形県までの一帯を指すのだから、これはただごとではすまされない話だ。

また、この地を治めた国造は古代北陸道において最強最盛の勢力を誇っており、「此国造が海外なる高麗粛慎に交通干渉したる事件に推測すべし」とあるように、高麗との関係を深く有していたことも興味深い事実である。

かつての古志郡は今の長岡市を含む信濃川の右岸一帯を指しており、その地の「山」の部分を「山古志」と呼んだと考えられる。

山古志村は昭和三一年に、種苧原・太田・竹沢・東竹沢の四か村が合併して誕生したが、平成一七年に長岡市に合併されて、ついに「山古志」村をはじめとして、唯一この村だけが有していた古志郡の名前も消えてしまった。

いままでは、「古志郡」には「山古志村」しか存在せず、これもまたイレギュラーではあったものの、これで千年以上続いてきた「古志」という地名が消えてしまったことはなんとも言えず残念である。

山古志村を訪れたのは、地震発生から約二年後の夏だった。あちこちに復旧の試みはされていても、美しい棚田には水はなく、山腹のいたるところに崖崩れの跡が牙を剝いている。

調べてみると、昭和四二年にも大規模な地滑りが起こり、虫亀地区に大きな被害を与えている。もともと、この地域には大きな断層があったと考えられる。

地震発生時六九〇世帯二一六七人だった住民のうち、三年経ったいまでも帰村した人は千人余りで、村の窮状はなお続いている。

それでも旧山古志村役場の隣にあるラーメン屋さんは立派に復活し、自慢の「黒ラーメン」を食べさせてくれた。よそではとても味わえない珍しくも美味なるラーメンであった。

日本の原風景として知られる棚田や錦鯉の養殖、そして「牛の角突き」と呼ばれる「山古志」の活力が一日も早くもどることを祈ってやまない。

3　女——いろいろ地名

十八女　徳島県　これぞとっておきの地名！

これぞ、とっておきの地名ナンバーワンである。「十八女」と書いて「さかり」と読む。全国的に見ても難読地名の一つである。ところが、先日ある女子中・高等学校で地名の話をしたところ、数百名の中でこの地名を正確に読んでしまった生徒がいた。十八歳の女の子（十八女）に「十八女」を当てられてしまった。

「十八女」は日本の地名のなかでも難読地名の筆頭に挙げられるものの一つだが、現地まで足を運んで調べた人はまずいない。

「十八女」の場所は徳島県。徳島駅からローカル線に乗って四十分あまりで阿南(あなん)市の駅に着く。駅前からタクシーに乗って市の北側を流れる那賀川沿いに二〇分ほど上ったところに、十八女はあった。

この那賀川は鮎釣りで有名だそうで、解禁ともなると多くの釣り人で賑(にぎ)わうらしい。川幅も狭まり、十八女大橋を渡ると、もうそこが十八女の集落だった。二、三十軒の家

平家の落人伝説を物語る五輪塔

が山にへばりつくように並んでいる。

この集落には湯浅姓が多い。その中でお目当ては湯浅鎌次郎さんのお宅だ。この家には、代々この十八女に関する伝承が残されているというのだ。

十八女を開拓したのは湯浅鎌次郎さんの祖先の湯浅但馬守だったと伝えられている。今からおよそ八百年も前のことで、どうやら平家の落人伝説にちなんでいるらしい。『加茂谷村誌』には次のように書いてある。

「平氏が滅亡したのは一一八五年で今を去ること七〇七年（八〇七年の誤り、筆者注）以前であり、平家の一門は屋島、壇ノ浦の戦いに敗れて長門に去ったがその一部は阿波に逃れてきた事は事実であり、中でも平国盛は祖谷に隠れた。この郡内にも落ちて来たと思われる。沢谷村の川成、岩倉の部落民は平家の残党と自称して今尚伝説が語り伝えられている。やはりこの十八女の地にも落ちて来たと考察すべきである」（二二頁）

湯浅鎌次郎さんに湯浅但馬守の位牌を見せていただいた。そこには「文治五年九月十六日没」と記されている。文治五年といえば、一一八九年に当たる。平家滅亡の四年後ということになる。この位牌自体はその後に作られたものであろうが、位牌そのものを大切に保存しているところに新鮮な感動を覚えてしまう。

その湯浅但馬守が姫君をかくまって八歳から一八歳まで育てたという伝承がある。それで「十八女」という地名が生まれたというのだ。

湯浅さんによれば、今の家は数十年前に建て替えたものだが、その前の家には「行かずの間」というのがあったそうだ。それは、部屋の四方を壁で固め、姫をかくまったとも、そこで姫が難産したとも伝えられていたという。家の者も、そこには足を踏み入れてはならなかったそうだ。

湯浅さんのお宅のすぐ上に五輪塔が二四基祀(まつ)られている。昔は三六基あったとのこと。姫をかくまいながら三六人の落人がこの地にやってきて土地を拓いたとすると、これはなかなかの話だなあと感動してしまう。

確かにそれに近いことがあったのだとは思うが、その話が「十八女」という地名とどう関係するのだろう。

この集落は山に入る坂の入り口に位置し、そこから昔から「坂入(さかいり)」と呼ばれてきたという説がある。「坂入」に平家の落人伝説が重なって、「十八女」という希有な地名が誕生したと考えていいだろう。それにしても強烈な地名だ。

女化　茨城県　「女に化ける」よい話

茨城県の牛久市に「女化」というところがある。「おんなばけ」「めばけ」「めげ」と読んでみるが、いずれも落ち着きが悪い。正式には「おなばけ」と読む。「女化」を「おなばけ」と読むと、意味は当然のことながら、「女が化ける」と考える。近くには「女化神社」もあり、何と「女化団地」なんてものまである。こんな名前の団地にわざわざ住む人がいるのだろうか。

この女化の地は、古くは「根本が原」とか「小萩が原」と呼ばれ、明治に入って開拓されるまでは、人ひとり住むことのない原野であった。東西三里四方もあり、いったん迷い込むと出られなくなってしまうほどの原野で、昔から狐が住むと伝えられていた。

この原野に「女化」の伝説が残されている。幕末に著された『利根川図志』によれば、およそ次のような話である。

昔、この根本村に忠七という一人の若者があった。若者は貧しかったけれど、慈悲深く

現代に生きる女化の狐

正直で親孝行であった。病の母のために薬を買っての帰り道、この里で、一匹の狐をねらう狩人を見つけた。忠七は不憫に思い、狐を逃がしてあげようと大きな咳をすると、狐は気づいて逃げてしまった。

狩人は大いに怒り、忠七は持ち金をすべて狩人に渡して許しを乞い、ほうほうの体で我が家にたどり着いたという。

ところがその日の夕方、奥州から鎌倉へ行くという五〇過ぎの男がはたちばかりの女を連れて、一夜の宿を貸してくれと涙ながらに頼んだという。

不憫に思った母と忠七は二人を泊めてあげたのだが、翌朝起きてみると、男の姿はすでになく、若い女はしばらくここにおいてほしいと頼み込む。

ここまでくると、すでに読者にもおわかりのように、これは鶴の恩返しの話と同じものである。

この若い女は器量もよく、農業の仕事も並より速く覚え、何事にも優しく、母親にも尽くすこの上ない人であった。

やがて、この女は忠七と結婚し、三人の子どもを授かったのだが、ある日涙を流しながら、自分は昔根本が原で助けられた狐であって、人に悟られた以上、一緒に住むことはできませんと言って、穴に隠れてしまったという（一説では、家にいたとき、しっぽを見られてしまったので、狐穴に逃げ込んだという）。

そのとき書き残した歌が有名である。

みどり子の母はと問はゞ　女化の
　原になくなく臥すと答へよ

「女が化ける」と思ってしまうのだが、実際は「女に化ける」という話だったのだ。

女化が原には女化神社が祀られている。この神社は言うまでもなく狐を祀った稲荷神社である。狛犬（こまいぬ）の代わりに白狐が赤ちゃんを抱いている石像が社殿の前に置かれている。

稲荷信仰に見られるように、日本人の信仰と狐は深く結びついていた。

人間を惑わすために化けるのか、人間を助けるために化けるのかでは大違いである。現代の人間はもっぱら他人を惑わし、たぶらかすために化けているように見える。今こそ、狐の精神に学ぶべきではなかろうか。

女川　宮城県　一族の婦女子をかくまった川

全国にはたくさんの「女」地名があるが、この「女川（おながわ）」も代表的な地名の一つ。前から行ってみたいと思っていた。

なぜ「女川」になったかといえば、昔、この地を治めていた安倍氏が源氏を迎え撃ったとき、女子どもの安全を守るために、安全な川にかくまったという話からついたのだといわれている。はたしてどんなところなのだろう。

女川には仙台（せんだい）から仙石線で石巻（いしのまき）まで行き、石巻で石巻線に乗り換え、三〇分足らずで到着する。

町の図書室で見た『女川町史』には、次のように記述してある。

「女川町西方背後にある黒森（四〇〇米）の麓にあたる奥地に安野平（あんのたいら）というところがある。ここから流れ出る渓流を女川と呼んでいる。往昔、安倍貞任（さだとう）が隣村稲井の館により源氏方の軍と戦った時、一族の婦女子を安全地帯であった安野平に避難させた。当時定めし

女川港で釣りをする女性

悲哀な物語を生んだことだろう。ここから流れ落ちる小川を女川と呼ぶ様になったという。」（一四四頁）

たまたま生涯教育センターの林正一郎さんにお会いして、いろいろ話しているうちに、「それじゃ、車で案内してあげましょう」ということになった。何でも文化財保護の仕事もされており、歴史に詳しい。

川に避難させたというから、てっきり大きな川に女子どもを集めたのだと勝手に予想していた。ところが、車は細い山道を黒森山の近くまで延々と上っていく。

「このへんが安野平ですよ」といわれて見ると、そこはむしろ山の頂上に近い懐（ふところ）のようなところだった。「山懐」という言葉がぴったりの場所だ。やはり、地名は現地に来てみなければわからない。こんなに予想と食い違っていたケースも珍しい。

平とはいえ、今は木々が生い茂っていて、往時のことは推測しにくいが、確かに避難場所としてはよかったのかもしれない。川といっても、飲み水を確保できるといった程度の小さなものだった。

その地点から流れる川なので、私がイメージしていた広く大きな川とはかけ離れていた。確かに、女子どもをかくまうには、平野部の広い川ではなく、山間の懐のようなところがいいというのはわかりやすい道理である。しかし、山を越えた向こうには敵の陣地があるのであり、どうやって煮炊きをしていたのか心配になってきた。煙をあげるのがいちばん危険だと思われるからだ。

それにしても、林さんのナビがなかったら、安野平にはとても行き着くことができなかった。さらに、大事なことは、現地に行かなければ、地名の「音」がわからないことだ。林さんによると、「安野平」は「あんのたいら」ではなく「あんのだいら」と地元では呼んでいるという。

町へ下りて、運動施設や病院などを見て立派さに驚いた。何でこんなにお金があるんですか、とたずねると、やはり原発のお陰だという。女川町は一般的には原発の町として知られている。

もう一つ知ったのは、歌手の中村雅俊（なかむらまさとし）が女川出身だということ。町のあちこちにポスターが貼ってある。やはり有名人なのだ。

ちょうど、秋刀魚（さんま）の時期が始まったばかり。女川は全国でも秋刀魚の水揚げがトップの漁港である。秋風にキラキラ光る姿もいいが、やっぱり秋刀魚刺しを食べてみなければ始まらない！

乙女　長野県　乙女に隠された驚くべき真実

小諸（こもろ）といえば、島崎藤村（しまざきとうそん）の千曲川（ちくまがわ）旅情の歌で知られた町だが、そこに乙女（おとめ）という何ともいえず美しい地名がある。小諸は北に浅間（あさま）山を望んだ坂の多い町だが、乙女の地もやはり川沿いに入り組んだ地形のところにある。

暖冬だったためか、浅間山の雪も心なしか少なめ。陽がいっぱいの信州の春の一日を楽しんだ。

まずは乙女駅を見ようとさがしたのだが、どうしても見つからない。どうやら道路標識に書かれている案内とは違うらしい。ようやく地元の人に聞いてたどり着いたのだが、橋の袂（たもと）の階段を降りた真下にＪＲ小海線の「乙女駅」があった。もちろん無人駅だ。

いまは全国どこに行ってもローカル線の衰退が激しい。ほとんどの駅が無人駅で地域の人々の愛着すら薄れている。

しかし、だからこそ、さびれた駅への愛着も深く鉄道ファンをいつまでも魅了している

小渕沢方面に向かう列車

ともいえる。

小海線は小諸から小淵沢(こぶちざわ)をつなぐローカル線で、高原列車の風情をいっぱいに残した路線だ。

列車に乗ろうとした女性に、乙女の由来について聞いたところ、よくはわからない。ちょうど佐久(さく)のほうに行く列車が来るという。一時間に一本くらいしか来ない列車なので、列車が来るのを待ってシャッターを切った。

さて、この乙女だが、地名学的には「乙女」のイメージとはまったく異なった意味を持っている。

地元には次のような伝承が残っている。

昔、この地の近くにある糠塚山(ぬかづかやま)に若い娘（乙女）がおって、一人のじいさまと暮らしていた。そのじいさまはお酒がたいそう好きで、乙女は毎日酒を買いに出かけていた。ある日、道すがら乙女はお酒が湧いている井戸を発見し、それ以降は町まで酒を買いにいく必要もなくなり、じいさまと楽しく暮らしたそうな。

と、まあこういう話である。こういう話は地名にはつきもので、いちおう楽しく聞いておけばいいのだが、真実はそうとうに違っている。

実は「乙女」という地名は全国各地にある。箱根には「乙女峠」があるし、東京にも新宿区に「乙女公園」がある。

東京の乙女公園は高田馬場から歩いていける距離にあるのだが、ここは江戸時代将軍が鷹狩りのために「御留場」としていたところであった。つまり、将軍およびその関係者だけが入ることが許され、一般の人々は入ることが許されなかった場所であった。「乙女」は単なる当て字で、歴史的真実は「御留場」であったのだ。

小諸の乙女についても同じ解釈ができる。酒が湧き出る井戸というのは喩えで、小諸藩にとってとても重要な何かがこの地にあったのだろう。だから一般の人々を入らせない「御留場」にしたのである。「御留」を「乙女」に変えることによって、このような美しい地名伝承が生まれたのである。

実はタモリの主宰するテレビ番組「ジャポニカロゴス」でこの地名を取り上げて、リハーサルでこの話をしたところ、スタッフの一人（乙女）が、「感動しました。地名って奥が深いんですね」と言ってくれたことが妙に嬉しく、記憶に残っている。

嬬恋　群馬県　日本武尊の恋心がいまも残る

群馬県に「嬬恋（つまごい）」という何ともみめうるわしい地名がある。「嬬恋」村は「吾妻」郡に属しているが、この一帯は日本武尊（やまとたけるのみこと）伝説に彩られている。

景行（けいこう）天皇の御世（みよ）というから、およそ千六百年以上も前のことになる。天皇は日本武尊を派遣して九州の熊襲（くまそ）や東北の蝦夷（えみし）らを平定させたと伝えられる。

日本武尊は現在の東海道沿いに東国に入ることになるが、相模国から上総国に海路を渡ろうとしたとき、激しい嵐に見舞われた。そのとき、海神の怒りを静めるためにお后（妾）の弟橘媛（おとたちばなひめ）が入水し、その結果嵐がおさまって無事上総国に渡ることができたといわれている。

この海峡は潮の流れが速く、そのため「走水（はしりみず）」と呼ばれて、三浦（みうら）半島にはその地名がいまも残っている。

尊は無事渡ることができたものの、愛する媛を失った悲しみのあまり、その地を去らな

晩秋の嬬恋村

かったことから「君去らず」と呼ばれるようになり、後に「木更津」になったともいわれている。

尊は東国（今でいえば関東地方一円程度と思われる）を平定したあと、東山道を都に帰ることになった。

『日本書紀』では次のように記されている。

「即ち甲斐より北、武蔵、上野を転歴りて、西碓日坂に逮ります。時に日本武尊、毎に弟橘媛を顧びたまふ情有します。故、碓日嶺に登りて、東南を望りて三たび嘆きて曰はく、『吾嬬はや』とのたまふ」（岩波文庫版『日本書紀（二）』）

つまり、日本武尊は東国を去るに当たって、亡くした弟橘媛を偲んで「吾嬬はや」と言ったというのである。『日本書紀』によれば、この故事により、東国一帯を「吾嬬国」というようになったという。

ここでいう、「吾嬬」も「吾妻」も同一の地名である。

さて、この「碓日嶺」とはどこのことなのか。それをさがしに旅に出た。一般的には「碓氷峠」を指しているのだろうが、現在の碓氷峠にはその足跡はまったくない。

碓氷峠からさらに山に入ってしばらく車を走らせると旧中山道の峠がある。ここはいかにも江戸時代から続いている中山道の跡で、茶店もいくつかある。峠にある熊野神社は小振りながら見事な神社だ。境内には、「吾嬬はや」と言ったという碑も建てられている。

しかし、本命はこの峠ではない。東山道の道筋は地名で追ってみると、いまの東吾妻町から吾妻川に沿って上る渓谷沿いの道で、その上流が嬬恋村である。

旧中山道の峠から旧軽井沢を抜けて小一時間車を走らせると嬬恋村に入る。一一月の最初の日曜日ということで、有名なキャベツも残り少なくなっている。夏に来ると全面キャベツ畑で見事な光景だそうだ。それにしても、標高一〇〇〇メートルを超える高原が雄大に広がっている。北海道の風景によく似ている。

この嬬恋村から長野県の上田(うえだ)市に抜ける峠を鳥居(とりい)峠というが、これがかの「碓日嶺」である。峠にはこれといったモニュメントも置いてはいないが、確かにこの峠が日本武尊が越えた峠であろう。峠で食べたリンゴの甘みに日本武尊の「吾妻への思い」が伝わってきた。

4　動物にちなんだ地名

斑鳩　奈良県　柿の木に集まる鳥の名前から

斑鳩(いかるが)といえば法隆寺(ほうりゅうじ)、法隆寺といえば斑鳩である。それほど有名な法隆寺とその周辺は平成五年に世界遺産に登録された。この斑鳩にはどんな秘密が隠されているのだろうか。

小奇麗なレストランで話を聞いていたら、おかみさんが「昔、聖徳太子のところに斑(まだら)鳩(ばと)が飛んできたところから、こういう名前がついたと聞いていますがねえ」と言う。

こういう話は地名につきものだが、真実は大分異なっている。

奈良方面から斑鳩の里に車で入ると、まず目につくのが法起寺(ほっきじ)の三重塔。わが国最大・最古の三重塔として知られるが、思わずその光景に感嘆の声を上げそうになる。夕刻ともなると、多くのカメラマンがその美しさを撮りに集まってくる。ただ、最古とはいっても、修理を重ねているので、それほど古くは見えない。それは法隆寺でも同じだ。

法隆寺はさすがに多くの観光客を集めるが、人々の目は何となくさめている。法隆寺は

法起寺の三重塔　夕景

信仰の寺というよりも、世界最古の木造建築や百済観音などの世界的な遺産を見ようとする観光客が集まってくるところなのだ。その点、小さくても信仰を求めて集まってくるお寺は違う。地名を研究していると、歴史の大きな舞台で華やかな生活をしている人々よりも、素朴だが日常的な生活に根ざして生きてきた人々の方に意識が向いてしまっている自分を感じた。通りいっぺんの観光には心は感じないが、信仰には心が溢れているからだ。

そんな中、斑鳩の里を車で走っていると、「ぽっくり寺」という看板が目についた。正式には吉田寺というのだが、何でもこの寺に参拝すると、腰・シモ・スソの世話にならず極楽往生できるというのだ。これは年を取ると誰にとっても切実な問題なのだ。『往生要集』で有名な恵心僧都が開基した念仏道場で、規模は小さいながらも、心を和ませてくれるお寺である。吉田寺では毎年九月一日に「放生会」なる行事を行っている。放生会とは、生き物の命を大切にして感謝する法要で、鳩一〇〇羽を空に放つのだという。その他、池には鯉や金魚も放つのだという。

この行事と斑鳩という地名がどのような関係にあるかは定かではないが、鳩を放つというところに行事を始めた人の気持ちが見られるような気もする。

しかし、真実は少し違うようだ。

「斑鳩」という文字はすでに『日本書紀』に見えるが、その意味は「イカル」という鳥にちなむというのが定説になっている。だが、私の胸の中では十分納得できていなかった。このイカルは鳩ではなく、スズメ目アトリ科に属する鳥の一種だ。色彩は華美、嘴（くちばし）は黄色、頭部が黒いが、全体としては白い印象を与える鳥である。

どんな鳥か見たい方は、郵便局に行って一四〇円の切手を買ってみるといい。そこに印刷されているのがイカルである。

一晩お世話になったホテルのご主人が「昔はこの辺にはイカルがいっぱいいて、秋になると山柿の実をついばんでいたものだ」と語ってくれた。この言葉がきっかけになって、斑鳩の謎がようやく解けた思いだ。

　柿食へば鐘が鳴るなり法隆寺　　　子規

斑鳩に点在する柿の木の実がうっすらと赤みを増していた。

白鷹町　山形県　上杉鷹山のルーツだった

米沢で新幹線を降りると、温泉の看板に並んでやけに上杉鷹山の名前が目につく。それもそのはず、この米沢は江戸時代後期に活躍した名君、上杉鷹山が活躍した舞台なのだ。車で小一時間も走ると白鷹町に着く。最上川沿いに山に入っていくように見えるが、実は川は下流に向かっている。

役場の一室から、その白鷹山が見える。図書館の司書の方が「昔から、あの山は鷹が翼を広げているように見えるので、白鷹山と呼ばれるようになったと教えられてきました」と語ってくれた。

なるほど、そう言われてみると、そんな気がしてくる。

すると、親切にも、

「白鷹山の頂上にはお堂があって、そこには上杉鷹山直筆の額がかけられているんですよ」

大空に飛び立つ現代の白鷹

と話しかけてくれる人がいる。

上杉鷹山といえば、かの米沢藩主として活躍した名君である。何でも三五代米大統領のジョン・F・ケネディも尊敬していたという人物である。

町役場の特別の計らいで、頂上近くまで車で登ることができた。親切心が身にしみる。

山の形は中央に突き出た頂上があり、その左右に翼が広がっている。まさに鷹が飛んでいる形なのだ。

山頂に建つ虚空蔵堂は日本五大虚空蔵の一つともいわれ、見事な雰囲気をかもし出している。現在のお堂は明治八年に建てられたとのことだが、風雪に耐えてきただけにものすごい迫力がある。古くは行基(ぎょうき)がこの山を開いたともいわれ、米沢城からも遠く鬼門に位置することから、歴代城主の信仰篤く、かの鷹山の号もこの白鷹山によると、看板に説明してある。

上杉鷹山の号がこの白鷹山によるとすると、これは大変な発見である。これもわざわざこの白鷹山に登ってみなければわからなかった事実だ。

上杉鷹山（一七五一〜一八二二）は日向(ひゅうが)（いまの宮崎県）高鍋(たかなべ)藩主、秋月種美の次男（治憲）として生まれたが、上杉家に養子として迎えられ、一七歳にして米沢藩主となった。

「為せば成る」の名言を残した治憲は隠居して号を「鷹山」としたのだが、そこには白鷹山の影響もあったのだろう。「鷹山」とは「白鷹山」のことではないか。

実はそれを裏づける史実もある。

鷹山はさまざまな事業を興して藩政改革に取り組んだのだが、その一つに養蚕(ようさん)の奨励があった。ところが、この虚空蔵堂は古くから養蚕の信仰の対象として知られ、今でも正月になると、多くの農民たちがお参りに来るという。養蚕を通じて上杉鷹山と白鷹山はつながってくる。

鷹山は折にふれてこの白鷹山に登ったらしいのだ。とすると、実はこの白鷹山は上杉鷹山のルーツということになる。

頂上を降りて翼に出ると、折しもパラグライダーで若者たちが空に飛び立とうとしていた。赤や青のパラグライダーが次々に夏空に飛んでいくのを見ると、何か雄大な気分になる。

最後に飛んだのは中学生らしき男の子。今日が誕生日だとか。赤いパラグライダーはあたかも現代の白鷹のように大空高く舞い上がっていった。

犬吠埼　千葉県　義経伝説にまつわるロマン

「銚子(ちょうし)っぱずれ」という言葉がある。銚子は本州では最も早くご来光が拝めるとあって、元旦には若者たちが殺到する。銚子は本州の東のはずれに位置するが、「銚子っぱずれ」とはさらに外れていることを揶揄(やゆ)する言葉だ。

「銚子」という地名の由来は、利根川の河口の形が酒器の銚子に似ているところからついたという説や、鳥嘴ともいわれるところから、地形が鳥の嘴(くちばし)に似ていたからという説もある。

さて、この銚子の灯台のある岬は「犬吠埼(いぬぼうざき)」という。この犬吠埼には義経(よしつね)伝説がからまっている。

何でも、頼朝(よりとも)に追われた義経がこの地を通った際、海岸に残された愛犬が七日七晩ほえ続け、岩になったので「犬吠埼」という地名が生まれたというのである。

その岩は「犬岩」と呼ばれ、今も「犬若町」という町名とともに残されている。確か

確かに犬の形をしている犬岩

に、見る角度によると、犬が吠えているようにも見える。

その近くには義経が千騎の兵でたてこもったという「千騎ヶ岩」という大きな岩まで残っている。

現代人の私たちは、こういう伝承が残されていることを楽しめばいい。歴史的にはこういう事実は存在しないというべきだろう。『銚子市史』では、このような伝承を事実無根な作り話だと厳しく批判している。

確かに、この房総の地は、頼朝を助けて鎌倉幕府を開くことに大きく貢献した千葉常胤及びその一族が支配する地域であって、このルートを通って平泉に行くなんて話はまず考えられない。

それはそれとして、久しぶりに訪れた銚子は素晴らしかった。まずは銚子電鉄に乗ってみる。わずか一両のちんちん電車。銚子駅から外川駅までのわずか数キロの距離を一九分で結ぶ。

途中の駅で「ぬれせんべい」なるものを売っている。「ぬれせんべい」とはやわらかく仕上げたせんべいで、絶妙な味である。食べ始めたらやめられない。

また、この銚子には多くの文人・画家が集まった。徳冨蘆花、佐藤春男、高村光太郎、伊藤左千夫、若山牧水などの他、竹久夢二や小川芋銭などの画家も訪れている。

それらの中で、やはり取り上げるべきは国木田独歩であろう。独歩が銚子生まれであることは意外に知られていない。

独歩の父の国木田専八は龍野藩（現在の兵庫県龍野市）の藩士。藩船の神龍丸で江戸に向かう途中、銚子沖で難破し、銚子の飯沼観音の門前にあった吉野屋旅館で療養していたが、そこで出会った淡路まんとの間にできたのが独歩であった。

もう一つ感動的だったのは、『大日本地名辞書』で知られる吉田東伍の終焉碑と対面できたことである。吉田東伍は療養のため先にあげた吉野屋旅館に宿泊したが、大正七年一月二二日この地で亡くなっている。

ところで肝心の「犬吠」の意味は、ここは風が強く、犬が吠えているように聞こえたところからついたと考えるのが妥当な線だろう。

熊谷　埼玉県　熊退治伝承の残る「暑い町」

関東で「熊谷(くまがや)」といえば、日本でも一、二を争う「暑い町」というイメージがある。平成一九年の夏はことのほか暑く、ついに四〇・九度という国内最高記録を作り、七二年ぶりに記録更新したといういわく因縁の地である。最近では、この暑さを逆手にとって街起しに活用するというプランまであるらしい。

ところで、この地名だが、その昔、熊退治にちなんでつけられたという説がある。

「そんなバカな。熊谷というところは、熊なんて出るところではない」

と叱られそうだが、どうやら、熊退治の話はいまでも熊谷に残っているらしい。

幕末に出された『新編武蔵風土記稿』には、昔、ここに大熊がいて人々を悩ませ、熊谷(くまがい)直実(なおざね)の父、直貞が退治したところからこの地名が起こったと書いてある。

熊谷駅前には、この地ゆかりの熊谷直実の豪壮な銅像が建てられている。

熊谷直実は正式には熊谷次郎直実（一一四一〜一二〇八）といい、この地に生まれた。

熊谷駅前の熊谷直実像と高城神社の熊手

幼少より弓矢の達人で、性格は剛直だったという。石橋山の合戦で頼朝に弓を引いたが、その後は頼朝側につき、多くの合戦で功績をあげ、坂東一の剛の者として勇名をはせた。

直実は一の谷の合戦で平氏を破り、海に逃れようとした平敦盛を討ち取った。弱冠一六歳、敦盛は横笛の名手であったとされ、この悲話は長く「平家物語」に伝えられていく。直実は戦いの非情と無常を痛感し、それがきっかけになって出家することになる。

その後、領地争いで敗れた直実は、頼朝の前で髪を切って、京に上って法然の弟子となり、名を「蓮生」と改めて熊谷に戻り、浄土の教えを広めたという。

さて、熊退治を行ったのは、この直実の父、直貞であった。熊退治をした場所がいまでも残っているという情報を得た。あちこち聞いてみるのだが、現地の人もよくわからない。ようやく市役所で場所を確認して現地に行ってみた。そこは、宮町一丁目の住宅地の一角で、狭いスペースに「熊野社跡碑」が建てられ、熊退治のことが詳しく書かれていた。

熊谷を代表する寺院、熊谷寺は直実が教えを広めた寺院である。由緒書きにも同じようなことが書かれている。熊谷寺はいうまでもなく浄土宗の寺で、見事な境内を誇っている。住職の漆間和美さんは、熊谷は正確には「くまがい」と言い、昔は「くまげえ」と発音していたと強調した。

確かに、人名で熊谷さんは、多く「くまがや」とは言わず、「くまがい」と言っている。なるほどと納得してしまった。

帰りに高城神社に寄ってみた。高城神社には熊退治の熊野社が移されている。行ってみると、幸運にも年一回開催される酉の市が行われていた。毎年一二月八日の一日だけ開くのだそうだ。

ふと見ると「熊手」が売られている。よく考えてみると、熊手は一気に多くのものをかき集めることができるので、縁起がいいのだ。熊谷に熊退治の痕跡をさがしに来て、熊手に出あうなんて、不思議な縁を感じてしまう。

ところで、熊退治の話はあくまでも伝承で、『新編武蔵風土記稿』でも「正しきことはしらず」と書かれている。

地名学的には、「くま」は熊ではなく、「曲」つまり川が曲がっているところを指すと考えたほうがいいかもしれない。熊谷寺から一五分も歩くと荒川(あら)に出る。この暴れ川が曲流するところからついた地名かもしれない。

牛窓　岡山県「牛転」から「牛窓」へ

牛窓（うしまど）というと、歴史好きの人にとっては朝鮮通信使の逗留地として知られた街である。室町時代に始まった朝鮮通信使は秀吉（ひでよし）の朝鮮侵略で一時期滞っていたが、家康（いえやす）のはからいで復興し、江戸時代には一二回にわたって朝鮮からの通信使を迎えることになった。そのときの重要な逗留地がこの牛窓であったのである。

小さな街だが、昔ながらの懐かしい家並みが続いている。まずは朝鮮通信使が逗留したという本蓮寺（ほんれんじ）に行ってみる。昔の港からほんの少し歩いたところにある。国の重要文化財だけあって、見事な伽藍（がらん）だ。通信使が到着すると、港からゴザを敷いて本蓮寺まで案内したのだという。

本蓮寺の前を左にずっと続く道が「しおまち唐琴通り」。過疎化の影響でところどころ家並みが切れているが、映画「カンゾー先生」のロケ地ともなっただけあって、懐かしいかつての日本の家並みが残っている。

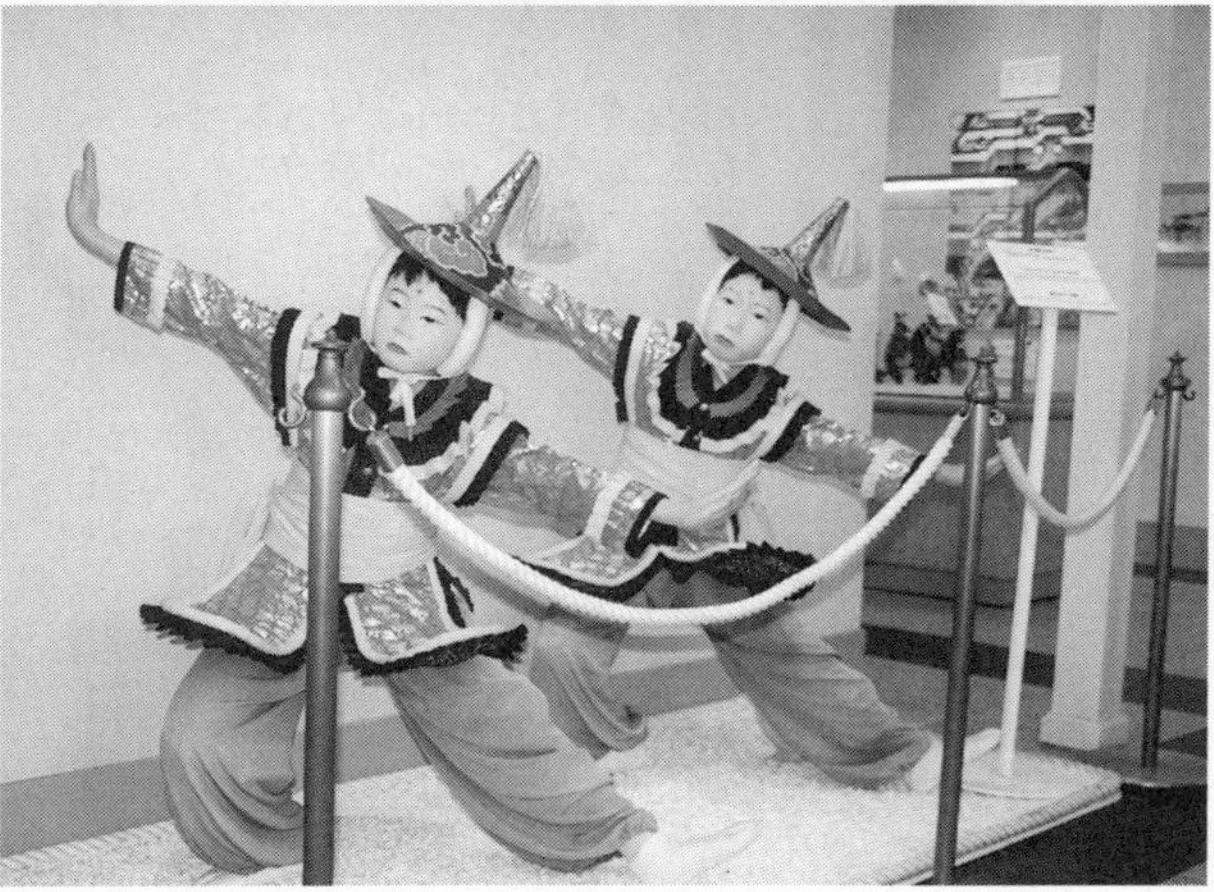

「日本のエーゲ海」に沈む夕陽（上）／朝鮮通信使の面影を残す唐子踊り

この牛窓には興味深い伝説が残されている。今からおよそ一六〇〇年も前のこと。一四代仲哀天皇の御代（四世紀頃）のことであった。西国の熊襲が三韓と組んで反乱を起こしたので、天皇は大軍を率いてこの地を通りかかった。すると、八つの頭を持つ不思議な怪物「塵輪鬼」が現れて天皇を襲った。怪物は退治したものの、その直後天皇は流れ矢に当たって亡くなってしまった。

天皇亡き後、神功皇后が代役を務め、無事西国を治めて帰る途中、またまた牛の形をした牛鬼が襲ってきた。すると、白い髪の翁が現れ、牛鬼の角をつかんで投げ飛ばし、皇后を救ったのだという。この話から、この地を「牛転」と呼ぶようになったのだという。

これはあくまでも伝説に過ぎないが、日本が国として統一されていく過程での争いがこの牛窓の地でも展開されたと考えてよい。

その「牛転」がなぜ、「牛窓」になったのか。それについても面白い話が残っている。

室町時代の話である。中秋の名月をめでる句会を催していた。題は「名月」。誰もが「名月や、名月や」と声を上げるものの、少しもその後が出てこない。

すると、一夜を借りていたやせ衰えた老僧が「自分にも加わらせてもらえないか」と言う。老僧は流浪の身で全国を歩き回っていたが、都では戦乱、火災などが絶えず、惨憺たる光景が続いていることを憂えていた。それで、次の句を詠んだという。

旅は憂し窓で月見る今宵かな

寄人たちはこの名句に感動し名を確かめたところ、連歌で有名な宗祇だったとのこと。かくして「牛転」は「牛窓」になったのだという。

港の上にある牛窓神社に行った。宮司さんの巧みな話を聞いていると、古代の牛窓が目の前によみがえってくるようだ。この神社に掲げてある絵馬を見に、少年時代の竹久夢二がよく来たのだという。大正時代の叙情画家、竹久夢二は牛窓からほど近い邑久の生まれ。夢二の美人画は、この絵馬に描かれた女性から生まれたという。

また牛窓は「日本のエーゲ海」の名に恥じず、オリーブ畑から見る瀬戸内の海はまたまた絶景。息を呑むとはこういうことを言うのだろう。

千厩　岩手県　馬と英雄の歴史が残る

馬にちなんだ地名は全国いたるところにあるが、その代表的なものが岩手県の千厩（せんまや）である。

平成一三年一一月のこと。しし座流星群なるものを初めて見た。この年はまれにみる流星雨で、多くの天文ファンを魅了した。私はこの流星群を宮城県の気仙沼（けせんぬま）で見た。天頂からまるで花火のように流星が舞い落ちる様は、ちょっと言葉では表せない美しさだった。

取材の都合で気仙沼に立ち寄ったのだが、早朝流星を見ながら千厩を通って一関（いちのせき）に向かった。千厩というと、私の記憶の中では、流星と重なってくる。

千厩は人口一万三千程度の小さな町だが、まず紹介されたのは佐藤家・横屋酒造の建物群である。こんな小さな町に、こんな大きな酒造群があるの？　とまずはびっくり仰天。

この建物群は平成一四年に文化庁の登録有形文化財に指定されたとのこと。

まず門を入って左手に佐藤家の母屋（おもや）がある。明治三四年の建物だ。その裏手に緑が映え

佐藤家の庭園（上）／千厩地名発祥の地

る庭園が広がる。家のガラス戸の中から見た庭園は何ともいえない風情をかもし出している。

庭園の一角には、源義家が荷鞍を置いたという「義家の荷鞍石」や弁慶が膝をついたという「弁慶の膝つき石」もある。こういうのはほどほどに聞いておいたほうがいい話だが、それほど岩手県は義経伝説にくるまれているということだろう。

さて、この千厩の由来だが、「厩」という字を使っている以上、馬にちなんだ地名であるということは確かである。厩とは馬を飼っておくための小屋、すなわち馬小屋を意味している。またかつては「千馬屋」とも書かれていた。千厩馬事振興会の説明によれば、次のようになっている。

「天喜五年（一〇五七）十一月、源頼義、義家の父子は、ともに、安倍貞任の軍勢に黄海の合戦で敗れ、その後、康平五年（一〇六二）八月、安倍氏との合戦が再開されました。この時、義家は、この地で軍馬を徴収し、小田の岩くつと駒ノ沢に数千頭の馬を集め、戦線に繰り出しました。これが千馬屋の名の起源と言われています。それ以来、千馬屋の地は、兵馬の補給地として、天下に知られるようになりました。このことは、平泉に黄金文化を築いた藤原秀衡が、この地に、たくさんの馬を飼わせ、金、砂鉄と共に、平泉文化の財政基盤確立の一翼を担わせたことからも伺えます」

『千厩町史』では、さまざまな説を紹介しながらも、義家が馬を岩屋につなぎとめたことに由来するという説を展開している。その証拠に馬のひづめ跡がついた石があったとの伝承もある。

早速、その岩屋跡に行ってみた。そこには「千厩地名発祥の地」なる碑まで建てられており、安倍軍を攻撃するため、「義家がこの地に陣を敷き、雨露を凌(しの)ぐこの岩窟に千頭の軍馬を繋いだといわれている」とある。

確かにこれに近い事実はあったかもしれない。そうでなければ「千厩」という地名の由来は説明できないからだ。

しかし、『千厩町史』は、実際は川幅の狭い場所という意味で「狭場谷」、あるいは馬をつないだ場所が狭いところから「狭屋」に由来するかもしれないとも説く。川に近い岩につないだところから「洗馬屋」かもしれない。長野県には「洗馬(せば)」というところがあるが、そこには木曾義仲(きそよしなか)が馬を洗ったという伝承が残っている。

古代より、陸奥国は馬の名産地であり、この千厩にも馬と英雄の歴史が色濃く残っている。

鳥取　鳥取県　白鳥伝説に彩られて

「鳥取」といえば、砂丘のほかに因幡（いなば）の白兎（しろうさぎ）伝説もあって興味深いところなのだが、意外に地名の世界では話題になることが少ない。

「鳥取」というのだから、「鳥を取る」ことと関連あるのだろうか。

実はこの鳥取には古代の白鳥伝説が隠されている。この地域には古代、「鳥取部（ととり）」という部民が置かれ、それが地名の由来になったとされている。

記紀伝承では、垂仁（すいにん）天皇（三世紀後半頃）の皇子に本牟智和気（ほむちわけ）御子がいたが、御子は「マコトトワズ」、今風にいえば言語障害で話すことができなかった。ところがある日、空高く飛ぶ鵠（くぐい）（白鳥の古称）の声を聞いて声が出るようになったという。天皇は山辺の大鶴なる人物にこの鵠を捕らえるように命じた。

大鶴は木国（紀伊）に始まって針間（播磨）、稲葉（因幡）、旦波（丹波）、多遅麻（但馬）、淡海（近江）、三野（美濃）、尾張、科野（信濃）、高志（越）と訪ね歩き、ついに和（わ）

烈風吹き荒れる馬の背から見た夕陽（上）／鳥取が低地であることがわかる

那美でその鵠を捕らえたという。このルートに現在の鳥取がある因幡国が含まれている。ところが、物事はうまくいかないもので、御子はこの鵠を見ても話せるようにはならなかった。そこで、天皇は出雲大社の祟りだと考え、御子を出雲に遣わせ、ようやく話ができるようになったという。天皇はこれを喜んで、鳥取部・鳥甘部を定めたという。

『日本書紀』では、直接出雲に行って鵠を捕らえたことになっているが、いずれにしても、これは白鳥伝説にちなんだ地名である。つまり、鳥取は鵠を捕らえた人々にちなんだ地名なのだ。

『白鳥伝説』を書いた谷川健一によれば、白鳥にまつわる伝説は「ヤマト」政権が成立する以前からあった「ヒノモト」の国を担った人々の歴史で、それはヤマト政権と戦って敗れた人々にまつわるものだという。しかも、その鳥取部のルーツを大阪南部の阪南市にある「鳥取」（かつては紀伊国）に求めている。

こう考えてくると、鳥取という地名は、古代史の壮大なロマンをはらんでいることになる。

古代、この地に鳥取部が置かれ、飛来する鵠を捕っていたとすれば、当然、土地は低く、かつては沼沢地になっていたはずである。

確かに鳥取市は低地にある。今回は岡山から列車で入ったのだが、その時点で鳥取市が低地だとわかった。もっとはっきりしたのは鳥取城址から街を眺めたときである。見事なまでに低地である。

ここには千数百年以上も前から、冬になると白鳥が飛来していたんだなと、ひとり感慨にふけった。

鳥取砂丘まで足を伸ばしてみる。砂丘に来たのはこれで三度目なのだが、何というめぐり合わせか。夕日はあるのに、日本海から真冬の烈風が吹きつけ、目も開けられない事態となった。真冬の二月の寒さの中、馬の背に登り三〇分も耐え抜いて撮った写真が123ページの写真である。

冷え切った体を風呂で温めたあとの松葉ガニの味は忘れられない。

鵠沼　神奈川県　白鳥伝説からメダカ伝説へ

「湘南（しょうなん）」といえば若者のメッカ。もともとは「相模国」の南だから「相南」なのだが、中国湖南省の湘江にちなんで「湘南」とした。こんなかっこよさが若者を引きつけるのだろう。

神奈川県藤沢（ふじさわ）市に鵠沼（くげぬま）という町名が広がっている。藤沢駅から江ノ島（えのしま）に至る一帯だが、一般には「鵠沼海岸」という名前で知られている。

かつては「鵠沼村」と称していたが、『新編相模国風土記稿』では、「久々比奴末良（くぐいぬまむら）」と読ませている。「鵠（くぐい）」とは白鳥の古称である。昔は白鳥のことを「くぐい」と呼んでいた。

鵠にちなんだ地名は、この藤沢がいちばん有名だが、その他にも、徳島県に「鵠（くぐい）」、茨城県に「鵠戸（くぐいど）」などがある。

「鵠沼」は昔白鳥が飛来してできた地名だといわれている。文献的な証拠はないが、この一帯にはかなり大きな沼沢（しょうたく）地があって、そこに白鳥がやってきたというのは十分想像で

夏の湘南海岸で

きる話である。

昔から日本で生息しているのは、オオハクチョウとコハクチョウで、冬季に越冬のためにシベリア方面から飛来して、岸辺の浅い水面を泳ぎながら水草を食べるのである。白鳥のほかにコウノトリではないかとの説もある。

かつての鵠沼は、いま残っているのだろうか。地図を頼りにさがしてみると、確かに残っている。地図上では「はす池」として二カ所残っているのだが、江ノ島電鉄の柳小路駅の近くの沼は、風前の灯だった。近くの鵠沼女子高校の用地となっており、ほとんど影形もない。その先の桜小路公園に接している沼は、木道などが整備されてわずかに面影を残している。

その沼の周辺を歩いてみる。明らかに、沼の周囲は砂丘で一段と高くなっている。一角にはかつての別荘らしき古い家も残っている。

鵠沼一帯は昭和四年に小田急江ノ島線が開通してから宅地化が始まり、いまでは高級な住宅地と化している。

鵠沼には多くの文人が集まった。徳冨蘆花（とくとみろか）、芥川龍之介（あくたがわりゅうのすけ）、志賀直哉（しがなおや）、武者小路実篤（むしゃのこうじさねあつ）、久米正雄（くめまさお）など枚挙にいとまがない。

鵠沼海岸に近い一角に、文人たちが集ったという東屋（あずま）という旅館の跡がある。鵠沼商店街をちょっと入ったところに、いまは碑が建てられているだけだが、広大な庭園の一部が、いまは一般の民家となった軒先の庭など、そこかしこに残っている。

昔、白鳥が飛来したと思われるはす池から、現代の新しい伝説が生まれている。

いまや、どこにいってもメダカは絶滅の危機にさらされているが、このはす池は鵠沼固有のメダカ発祥の地として注目を集めている。

戦後間もなくこのはす池で採取したメダカを近くの池田正博氏が自宅の池で飼育していたところ、平成七年、県の水産総合研究所の職員が発見し、ＤＮＡ分析をした結果、このメダカは境川水系特有の形態だと判定され、「藤沢メダカ」と名づけられた。

それ以降、学校の教員たちが中心になって「藤沢メダカの学校をつくる会」を結成し、子どもたちとともにメダカを育てる活動を続けている。

「白鳥からメダカへ――」

何とも心温まる鵠沼であった。

虎姫町　滋賀県　虎御前にまつわる伝承とタイガース

滋賀県にある虎姫町は琵琶湖の東北部にある人口六〇〇〇人足らずの小さな町である。長浜は昔秀吉が造った町として知られるが、その北に位置する。東に伊吹山を望み、西には琵琶湖が見渡せるが、とりわけ竹生島が印象的だ。

北部に「虎御前山」という山があり、これが「虎姫」の地名の由来になったとのこと。早速登ってはみたものの、中腹にキャンプ場があるだけで、見るべきものはない。

実は、この地には、こんな伝説が残されている。

昔、この山の麓に虎御前という美しい姫が住んでいた。あるとき、姫が旅に出た帰り、道に迷っていると、青年が「よければ、私の家にお泊りなされ」と声をかけてくれた。それが縁で虎御前は「世々開」という長者と結婚することになった。

二人は幸せに暮らし、子どもが生まれたが、生まれた子どもは全身、蛇のうろこに包まれた子蛇だった。虎御前は人目を避けて外出もしなかったが、ある月の夜、泉に映った我

「世々開長者」の家？　長屋門から見た母屋

が身が蛇の形をしているのを見て、「女性が淵」に身を投げてしまった。

その後、一五人の子どもたちは人間として成長し、この地の村長になった――。

悲しい話だが、このような伝説に基づいて明治二二年「虎姫村」ができ、昭和一五年に「虎姫町」が成立した。

ここに登場する「虎御前」とはいったい何者なのだろうか。日本史大事典に「虎御前」という項目がある。そこには「鎌倉初期に相模国大磯宿の遊女であったと伝えられる女性」とある。

『曾我物語』は鎌倉初期を舞台に曾我十郎・五郎兄弟が亡き父の敵工藤祐経を討ち果たす物語だが、その後半に虎御前が十郎の愛人として登場し、曾我兄弟死後、二人の遺骨を信濃の善光寺に納めたという話が描かれている。

「虎」という名は、寅の年、寅の日、寅の刻に生まれたのでついたのだという。

虎御前は亡くなった兄弟を回向して全国を行脚し、その範囲は福島から鹿児島にまで及んでいるとされる。すると、この虎姫の地にも寄った可能性はきわめて高い。「虎御前」という名は、この町以外にも長野県の丸子町でも確認されている。

虎御前と虎姫、きっと何かの縁がありそうだ。虎御前という一人の女性を追うことで、中世の日本の歴史の一面が開かれるかもしれない。

ところで、町の中を歩き、昔の長者が住んでいた証をさがしてみた。虎御前山の麓(ふもと)に一軒の民家を発見！

「これはすごい！」

江戸時代の建物だというが、いかにも「世々開長者」の家らしい風情を漂わせている。

町内の虎にまつわる場所をさがしていると、「虎姫駅」の駅前に出た。まるで阪神タイガースの駅である。正面に大きな看板があり、そこに、

「必勝祈願

勝利の女神　虎姫」

とあるではないか。ファンというものはありがたいものだ。

5　人混みのなかの地名

日本橋　東京都　日本橋は「二本の橋」から

日本橋（にほんばし）といえば、江戸の町の中心として天下に知られた名橋である。いや、日本の中心といってよいであろう。五街道はこの日本橋から発し、その地位は現代にいたるまで、揺るぎないもののように見える。いまでも、橋の中央にはわが国の道路元標が埋め込まれている。

昭和三九年、日本で最初のオリンピックが東京で開催されることになった折、この名橋の上に首都高が走ることになり、その見事な景観はぶち壊しにされた。

地名研究者としては、まずその心無い施策に憤りを感じたものだ。高度経済成長によって日本の文化が破壊されたよい例である。

さすがに小泉純一郎元首相はこの問題に着目して、この日本橋を救おうと考えた。日本橋の上に覆いかぶさる高速道路を地下に埋めようという構想である。ただ、その後どうなったかは明らかではない。

陽の目を見るのはいつか

日本橋は慶長八年（一六〇三）、日本を代表する橋として架けられたというのが、日本史上の定説になっている。あたかも、江戸幕府スタートの年である。

なぜ、日本橋と名づけられたかについては、橋の上からの眺めが天下一品だったからとか、「日本国中の人集まりて架けた」からという理由をあげるものから、「天よりふりけん地よりや出けん」と書くものまで多様である。

その中で、池田弥三郎（いけだやさぶろう）が「二本橋」に由来するという大胆な仮説を提起しているのが注目される。これは池田弥三郎『日本橋私記』（昭和四七年）で提起されている説で、次のようなものである。

① 日本橋は、もと、日橋川（当時その名はなかったが）に架けられていた粗末な橋で、その橋の様子から「二本橋」と言われていた。

② それが、江戸の町の造成につれて、立派に改修されていき、その途上で、誰言うとなく二本橋は日本橋と言われるようになっていった。

③ そして、誰言うとなく言い出した「日本橋」という名を、誰もが素直に受け入れるようになり、日本橋はにぎわしくなり、付近は日本の代表的な土地となり、さらに全国里程の中心となり、五街道発足点ともなったために、ますます「日本橋」の名がふ

さわしくなっていった。(同書、四八頁)

この説の根拠の一つは、一七世紀の終わりに出された『紫の一本(ひともと)』に「一つ橋、日本橋(二本橋)ありて、三本橋なきはいかに」と書かれていることである。つまり、「一橋と二本橋があるのに、なぜ三本橋はないのか」と問うていることである。

もう一つの根拠は、大阪にある「日本橋」は「にっぽんばし」と呼ぶが、江戸の「日本橋」は「にほんばし」と呼んでいることである。「日本」は「にほん」と呼んでも「にっぽん」と呼んでもいいことになっているが、江戸時代初期には「にっぽん」と呼ぶことが多かったとも言われている。

この池田説は近世江戸史研究の第一人者の西山松之助(にしやままつのすけ)も「まず妥当な見解だと思う」(『記念誌　日本橋』昭和五二年)と支持しており、日本橋の起源として再び注目されそうだ。

現在の日本橋は明治四四年に架けられたもので、長さ四九・一メートル、幅二七・三メートルのアーチ型の石の橋で、国の重要文化財に指定されている。橋の柱に刻まれている「日本橋」という文字は、最後の将軍徳川慶喜(よしのぶ)公によるもの。

幕張　千葉県　幕張メッセは長く「馬加」だった!

調べてみたら幕張(まくはり)メッセがオープンしたのは一九八九年一〇月のことであった。平成元年というから、もう二〇年近くも昔のことになる。

当時は千葉県にできた副都心ということで、大変な脚光を浴びた。なにしろ東京のダウンタウンと成田(なりた)空港を結ぶ位置にあって、いよいよ千葉県も都会になったのかという感慨もわいたものだ。二一万平方メートルの敷地に「国際展示場」「国際会議場」「幕張イベントホール」の三つの施設が一体となって構成されている。

その後、お台場(だいば)や大宮(おおみや)など新都心がどんどんできて、何となく幕張新都心も古くなったなあと感じるこのごろではある。

『千葉市の町名考』(昭和四五年)によると、往古は「大須賀郡須賀原」と呼ばれており、永仁二年(一二九四)には「幕張本郷」、さらに下って文安二年(一四四五)馬加康胤によって「馬加郷(まくわり)」と改名された。馬加氏は中世の名族千葉氏の一族に当たる。

幕張から東京ダウンタウンを望む

時代は前後するが、「幕張」のもとになったのは頼朝が石橋山の合戦に敗れ、安房に逃げ延び、この地に幕を張って陣を構えたという伝承がある。さらに馬が足りなくなって馬を助郷（不足している人馬を負担すること）したので、馬加となったとも言われている。これはあくまでも言い伝え。千葉県には頼朝をめぐるこの種の伝承がいくつも残っている。

この地は江戸時代から明治の中頃までは「馬加（まくわり）」村と呼ばれていた。明治二二年の市町村制により、「馬加」村は「幕張」村に変えられた。

変更の理由は、この地はもともと「幕張」と書かれていたということ以外に、「馬加」は音読みにすると「バカ」となってしまい、いかにもかっこ悪いという判断もあったことだろう。地名というのは、その地に住む人々の微妙な意識を反映するもので、このようなことはいかにもありそうな話なのである。

その後、幕張村は明治二九年に幕張町となり、さらに昭和二九年には千葉市に合併されて今日にいたっている。

超高層ビルが立ち並ぶ幕張の町には、往古の歴史を感じさせるものはほとんど残されていない。しかし、京成幕張駅のすぐ近くに「青木昆陽甘藷試作地（あおきこんようかんしょしさくち）」なる史跡が残されている。看板には次のようにある。

「この地は、享保二〇年（一七三五）八代将軍吉宗の命により、青木昆陽が薩摩芋を試験栽培し、成功した所です。

昆陽は江戸日本橋の漁商の子で本名を文蔵と称し、京都で儒学を伊藤東涯に学びました。江戸に帰ったのち町奉行大岡越前守に抜擢され、幕府書物方に登用され古文書調査・蘭学研究に励む一方『蕃薯考』を著し甘藷栽培を説き、救荒食として飢饉に備えるよう吉宗に上書し認められました。甘藷は小石川養生園（現植物園）、下総馬加村（現在地）、上総豊海（九十九里町）で試作されましたが、現在地のみ成功しました」

ここでは「馬加」を「まか」と呼ばせているが、もとは「まくわり」であったと考えていい。関東一円に甘藷栽培を広めたのは昆陽が最初であり、その後天明の大飢饉（一七八二〜八七）にも甘藷のお陰で餓死者は皆無であったといわれている。

ご覧のように、幕張からは東京都心が手に取るように見渡すことができる。

関内　神奈川県　港横浜にひそむ歴史とは

関内といえば、かつての横浜の中心街であった。いまは桜木町から「みなとみらい」への一帯が最も ナウい地域として若者たちを集めているが、かつては関内が中心だった。横浜ベイスターズの本拠地横浜スタジアムは関内駅から徒歩五分のところにある。

横浜駅から根岸線に乗り換えると、桜木町・関内・石川町と駅がつながっている。この桜木町から石川町に至るまでの間は、JRの線路に沿っていまも堀がある。この堀にクロスする形で桜木町寄りには大岡川という川が交差し、東京湾に注いでいる。そして、石川町沿いには中村川という川が海に注いでいる。この一つの堀と二つの川によって区切られた長方形に近い地域を「関内」と呼んでいる。ここには、馬車道通りや大桟橋、山下公園、横浜スタジアム、中華街などが含まれる。

横浜・長崎・箱（函）館の三港が開港したのは安政六年（一八五九）のことである。明治維新の八年前という時期であった。中でも横浜は東京に近いということもあって、あら

ここから関内へ／関内の中心・日米和親条約調印の地（左）

ゆる意味で日本の窓口の役割を果たしていた。

ところで、なぜこの水で囲まれた地域を「関内」と呼んだのだろうか。

開港以来、外国人は居留地に住むことが定められたが、その地域は山手と山下に分かれていた。山手とは石川町寄りの高台であり、山下とは関内一帯の居住区であった（ちなみに、「山下公園」とはこの意味での「山下」である）。

当時はまだ、日本人による外国人殺傷事件などが相次いで起こっていた時期であり、幕府は、堀を川で囲んだ地域を人工的に作り、そこに出入りする橋のたもとに関門を設けてチェックした。その「内側」が「関内」であり、「外側」が「関外」であった。従って、その後繁華街として発展する伊勢佐木町（いせざきちょう）界隈は「関外」だったということになる。

関内の中心は波止場と運上所（税関）で、その東側一帯が外国人居留地、西側が日本人の住宅地区に当てられていた。

安政六年（一八五九）に開港して発展を続けていた横浜に、慶応二年（一八六六）大火が襲い、関内の三分の一が焼失した。そこで、幕府は居留地を使用している諸外国と協議の上、次のような復興を行った。

① 関内に置かれた遊郭を関外に移して、沼を埋めて公園をつくる。（いまの横浜公園）

② 幅一八メートルあまりの道を三ヵ所に設ける。（馬車道通り、海岸通りなど）
③ 幅三六メートルあまりの道を、公園から海岸まで通す。（日本大通り）

これらの都市計画は、そのままいまも残されている。

関内を語る際に外せないのが中華街である。開港時から横浜には多くの中国人が住み着いた。横浜で取引された最大の商品は生糸だったが、その取引をしたのが中国人であったし、欧米人の使用人として来日した中国人も多かった。

横浜に住む中国人の数は、一九〇〇年代に入ると三〇〇〇人を超え、明治四二年には六二〇〇人にも及んでいる。

大正一二年九月一日午前一一時五〇分、関東一円に大地震が発生し、壊滅的な打撃を被った。関東大震災である。横浜も同様で、中でも古い建物が密集していた中華街の被害が大きく、華僑の死者、行方不明者の数は一七〇〇人以上に達したといわれている。このときの建物の残骸などは、山下公園を整備するための埋め立てに利用されたという。

わが国第二の大都会に発展した横浜の忘れがちな歴史が「関内」にひそんでいる。

武庫　兵庫県　「向こう」なのか「椋」なのか

大阪から西へ向かうとすぐ尼崎市だが、その先西宮から六甲山地にいたる一帯が武庫と呼ばれる地域だ。尼崎市には「武庫幼稚園」「武庫小学校」「武庫中学校」があることがわかった。この地は明治二二年に武庫郡武庫村となっているから、やはりこの辺が武庫の中心地なのであろう。

この「武庫」という地名、なかなか含蓄のある地名である。意味の似ている地名に「兵庫」、そして音の似ている地名として阪神タイガースの「六甲颪」で有名な「六甲」がある。これらの地名からどんな解釈が可能なのか。これは一種の試みである。

「武庫」の解釈として、これまで次の三つの説が主なものであった。

① 神功皇后が三韓を征して凱旋したとき、武器などを埋めたところから「武器の倉庫」「兵器の倉庫」という意味でつけられたとする説。

② この辺一帯に椋の木が多く繁っていたところから、「椋」が訛って「武庫」になっ

武庫川の風景。この左手が駅のホーム

たという説。

③　難波の都から見て「向こう」にあるという意味で、「向こう」が「武庫」に変わったとする説。

このうち、①の説はいかにも伝説であって、どこまで真実に近いかは疑いの余地がある。ただし、「兵器の倉庫」から「兵庫」という地名が生まれたといわれると、確かにそんな気もする。今のところ、「兵庫県」の「兵庫」の解釈としては「兵器の倉庫」説がいちばん信憑性が高いといわれているからだ。

②の椋の木説だが、現在の取材状況では椋の木が現在も存在しているのか確認できていないので何とも判断できないが、一般論としては山の名前は形状からつけられることが多く、木の種類からつけられることは少ないので、この説の信憑性は低いと考えている。

私が推すのはやはり③の「向こう」説である。山の名前は基本的に地理的位置や形状からつけられるのが一般的である。例えば、京都の「東山」に見られるように、東西南北をつける地名が多い。それに駒ケ岳などのように形状からつけられるものも多い。

位置関係で考えると、ある地点から見て「向こう」にあるということからつけられる地名は数多くある。一例をあげると、東京の「向島」。これは江戸の町から見て隅田川の

「向こう」にある島ということで、名前がついた。いわば、「武庫」は「向山」の意味と解してよい。

大阪から見ると、尼崎、西宮、芦屋は「向こう」であり、その象徴が「六甲山」である。六甲山は標高九三一メートルもあり、大阪から見ればやはり、「向こう」を象徴する山なのである。この場合、「六甲」を「むこ」と読めば、「武庫」と同じになる。

武庫川は篠山盆地の南部山地を水源地として、大阪湾に注ぐ全長六五キロの川である。宝塚市あたりから町中に出て、一気に大阪湾に流れている。川に並行して阪急今津線が走り、今津で阪神本線に乗り換えて二つ目が「甲子園」、四つ目が「武庫川」だ。念のために記しておくが、「甲子園」は「武庫」とは関係ない。甲子園球場は大正一三年に造られたのだが、この年があたかも「甲子」の年に当たっていたので、「甲子園」という名前になったに過ぎない。

さて、驚いたのは「武庫川」駅である。駅を降りてどこで写真を撮ろうかと考えあぐねていたのだが、電車が止まったのは、何と武庫川に架けられた橋の上だった。つまり、川に架けられた橋そのものがホームであったというわけだ。なるほど、頭がいいと思った。こんな発想は関東にはない。駅の「向こう」に「向こうの山々」が美しく映えていた。

六本木　東京都　「お前麻布で気（木）が知れぬ」

六本木ヒルズが平成一五年にオープンして、六本木はますますカッコいい街に変身した。昔から外国人も多く住んでいる高級住宅街・繁華街として知られてきたが、超高層の六本木ヒルズができてからは、いっそう高級感が増している。

この「六本木」の地名の由来に関しては、従来二つの説が立てられてきた。戦前に出された『麻布区史』（昭和一六年）にも、「松の巨木六本があった為め」という説と、十方庵の『遊歴雑記』で説かれている「上杉・朽木・高木・青木・片桐・一柳の諸大名の中或は下屋敷があった為め」という二つの説が紹介されている。（八二七頁）

この二つの説を比べてみると、どう考えても、前者の「松の木六本説」のほうが信憑性が高い。「木にちなんだ大名説」は、実際にこの六大名の屋敷が並んでいたという確証はない上に、苗字から共通点を抽出して地名をつけるというのはいかにも無理がある。

たとえば、これで六大名はいいとしても、その他の大名はどう考えるかとなると、にわ

赤い靴の少女像

かには実現できそうにもない話だ。

それに対して、六本の木があったという説は大いにうなずける説ではある。全国的に見て、「一本木」「二本木」「三本木」という地名はそれぞれ数十個確認されている。「四本木」以降は「八本木」まで数個にとどまっているが、「六本木」だけは東日本を中心に一四件ほど見つかっている。

これら一連の地名はきわめて単純な理由でつけられたものである。木が何本あるかは誰にも明白でわかりやすい道理である。

ところが、この六本の松の木がどこにあったかが、またわからない。だから本当にあったかも確証はないといった状態なのだ。

区史などを読むと、必ず出てくるのが「お前麻布で気が知れぬ」という俗言である。「お前は麻布に住んでいるらしいが、その気が知れない」という意味だろう。ところが、ここでいっている「気が知れぬ」というのは「木が知れぬ」という意味なのだと『麻布区史』に書いてある。(一九六頁)

つまり、「六本木」とはいうが、本当のところ木については誰も知らないという意味なのだという。だから、「本来、麻布六本木（気）が知れぬという地口であったのだから、六本の木があったにせよ、早くなくなったものと思われる」と結んでいる。

現在の港区は昭和二二年に、赤坂区と芝区と麻布区が合併してできた区で、六本木はもともと麻布区に属していた。

麻布には外国の大公使館が集中しており、台地上には高級住宅街が連なっている。麻布から六本木ヒルズまで歩いてみた。まず気になるのが「麻布十番」という地名だ。これには、江戸時代古川の改修工事を行った際、この地点を河口から十番目の工区としたという説と、綱吉（つなよし）の別荘を作った際、人足の第一〇組を使ったからだという説の二つがある。どちらが正しいかはわからない。

異国情緒たっぷりの坂道を登っていくと、「麻布パティオ十番」と呼ばれる小さな公園に出る。そこにひっそり建っているのが、野口雨情（うじょう）の「赤い靴」に出てくる「きみちゃん」という女の子の像である。アメリカ人宣教師の養女になる予定だったが、病気のためこの地で亡くなってしまったという悲しい話だ。

さらに大黒坂を上っていくと、「六本木」ならぬ「一本木」が立っている。そのさらに上に「六本木ヒルズ」はあるのだが、文字通り「ヒル」の上に建っている。これはなかなか……実態に合っている。

祇園　京都府　食を給する教えはいまどこに

祇園（ぎおん）といえば、京都を代表する繁華街なのだが、私たち一見（いちげん）さんにはちょっと近寄りがたい雰囲気を持った街という印象がある。東山（ひがしやま）界隈のあたかも中心地のように、ここから清水寺（きよみずでら）にも行けるし、知恩院（ちおんいん）のほうにも行くことができる。

祇園とは八坂（やさか）神社に向かって四条（しじょう）通の左右に広がる地域なのだが、この左右では雰囲気がいかにも異なっている。南側にはお茶屋さんなどが連なっていて、私どものような田舎者はどのように入っていいのかさえわからず、街並みを歩いて引き返すしかない。その南にはわが国禅宗の発祥の地である建仁寺（けんにんじ）があり、何となく身の引き締まるような雰囲気に包まれている。

北側には私たちにも身近に感じられる店もあるが、よくよく見ると高級な店も軒（のき）を連ねている。

もともと、この地域は八坂神社の門前町として発展したところである。八坂神社として

花見小路の情緒（上）／八坂神社西楼門

一般に知られているのは、四条通の突き当たりにある朱塗りの西楼門だが、これは正門ではない。正門は南の下河原(しもがわら)通に開かれた南楼門だが、ほとんどの参拝客は見過ごしている。

八坂神社は平安時代には二十二社の一つとして知られ、明治に入って神仏分離されるまでは「祇園感神院」「祇園社」と呼ばれてきた。

この地域は応仁の乱で焼けてしまったが、江戸時代になってから、八坂神社や清水寺への参拝客を相手にする「お茶屋」が次第にできてきて、そこに働く女たちが芸を身につけ、やがて芸妓として、芸を見せる茶屋として発展してきた。

寛文五年（一六六五）には、幕府による茶屋営業の正式認可を受け、幕末にはお茶屋の数が七〇〇軒、舞妓・芸妓の数は三〇〇〇を超えたというから、相当な繁栄ぶりであったろう。

明治一四年に、祇園は「祇園甲部」と「祇園乙部」に分かれて今日に至っている。「祇園甲部」とは四条通の南一帯と北側の花見小路(はなみこうじ)以西のブロックである。そして、「祇園乙部」とは、現在「祇園東」と呼ばれているところで、四条通の北側で花見小路以東の地域である。

ところで、この「祇園」とはそもそもどういう意味なのであろうか。かの『平家物語』に「祇園精舎の鐘の声、諸行無常の響きあり」とうたわれた「祇園精舎」とは何か。辞典には次のようにある。

「須達長者が釈迦とその弟子に寄進した寺。中インドの舎衛城の南に旧跡がある。もと祇陀太子の林園で、須達長者を給孤独とも呼んだことから、祇樹給孤独園、略して祇園という。祇陀林。逝多林。給孤独園」（『大辞林』）

梵語では「ジェータ・ヴァナ・ヴィハーラ」というが、これが中国を経て漢字に訳されて日本に入ってきているので、なかなかわかりにくいことになっている。

須達長者は貧しい孤独な人々に食を給したところから「祇樹給孤独園」とも訳された。この長い名前の「祇」と「園」をくっつけて「祇園」という名前がつけられたという。

この祇園一帯にも、昔は貧しい人々に食を給するといった仏教の教えがあったものだと思えるのだが、いまの祇園にはその名残はない。

ただ、夏の京都を彩る祇園祭は変わらぬ賑やかさを見せている。

豊田市　愛知県　トヨタ自動車の社名から

トヨタ自動車がついに自動車業界で世界のトップに立った。平成二〇年の二月二日の報道によると、トヨタは自動車生産台数でアメリカのゼネラル・モーターズ（GM）を抜いて世界一になったという。トヨタは子会社のダイハツ工業、日野自動車を含めた二〇〇七年の世界全体の生産台数は約九五〇万台で、GMを約二〇万台ほど上回った。GMがトップを奪われたのは七六年ぶり、トヨタは創業七〇年で世界トップに立ったというのだから、これはこれですごいことである。この数年、名古屋の経済圏が元気だが、その背景には世界のトヨタの存在がある。

さて、愛知県豊田市はこのトヨタ自動車にちなんでつけられた市名である。企業にちなんだ地名は数多くあるが、市の名前としてあるのは豊田市だけである。

もともと、現在の豊田市一帯は江戸時代には挙母（ころも）藩だったところで、慶長一九年（一六一五）この地に三宅氏が挙母城を造ったのが始めだといわれる。明治二五年に挙母村は挙

豊田喜一郎の邸宅

母町に、さらに戦後の昭和二六年には挙母市に昇格する。

その後、昭和三三年に挙母商工会議所同志一同から挙母市を豊田市に変更する請願書が出され、市名の変更問題が本格化した。市名変更の理由はきわめて単純で、荒涼とした田舎町にトヨタ自動車が創業して以来大きな躍進を見たので、このトヨタ自動車を大いに宣伝して市の発展を期したいというものであった。その「理由」からポイントをあげれば、以下のようになる（『豊田市史　四　現代』より）。

① 挙母という地名は由緒のあるものだが、正しく読めない。

② トヨタ自動車が名古屋で生産されていると思っている人が多く、遺憾だ。

③ 郵便物に「豊田市」と書かれれば、トヨタ自動車の大きな宣伝になる。

これはこれでわかりやすい理屈だが、当然のことながら反対の動きはあった。しかし、結局昭和三四年一月一日、挙母市は豊田市に改名された。

トヨタ自動車のルーツは、広く知られているように豊田佐吉（一八六七～一九三〇）である。現在の静岡県湖西市に生まれ、小学校卒業後はたご（織機）の改造に努め、明治二四年木製人力織機を開発し、その後豊田紡績を創業した歴史上の人物である。その子、豊田喜一郎（一八九四～一九五二）は豊田紡績に入社後、社内に自動車部を新設して国産自動車を試作し、昭和一二年、豊田自動織機から独立してトヨタ自動車工業の副社長に就任し、これがトヨタ自動車の出発となった。

現在の豊田市は世界のトヨタの一大拠点ではあるが、躍進を続ける名古屋市の衛星都市の性格ももっている。名古屋から地下鉄・私鉄を乗りついで小一時間もいくと、豊田市の駅に着く。町はいまや近代的に生まれ変わり、昔の挙母の時代の面影は少ない。小学校名に「挙母」が残されているが、それ以外に挙母神社がある。これはなかなかの神社で、古い歴史を伝えている。

ふと見ると、車のお祓(はら)いのコーナーがある。さすがは豊田市である。昔、トヨタ自動車のある「トヨタ町」一帯では、トヨタ以外の車は通れないと聞いたことがある。そんなこともなかろうと思うのだが、お祓いを受けるにも車の車種が問われるのだろうか、とも思った（そんなことはないだろう）。

鞍ヶ池のある山の上に、豊田喜一郎の邸宅が保存されていると聞き、車を飛ばした。近くには豊田ゴルフ場もあって、公園になっている。その岡の上に豊田喜一郎の邸宅があった。

とにかく、豊田市は金がある。それは世界のトヨタのなせる技である。

セメント町　山口県　近代工業を引っ張ってきた徳利窯

日本には企業名からついた地名というものがたくさんある。愛知県の豊田市は市の名前であると同時に、豊田佐吉・喜一郎といった人名にもからんでいる点でちょっと別格だが、それ以外には、ざっと次のようなものがある。

パルプ町（北海道旭川市）　日本製紙
川崎町（千葉県千葉市中央区）　川崎製鉄
東芝町（東京都府中市）　東芝
呉羽町（福井県敦賀市）　呉羽化学
松下町（大阪府茨木市）　松下電器
三洋町（大阪府大東市）　三洋電機
ダイハツ町（大阪府池田市）　ダイハツ工業
川崎町（香川県坂出市）　川崎重工

小野田セメントのシンボル・徳利窯と標式

セメント町（山口県山陽小野田市）　太平洋セメント（小野田セメント）

これらのほとんどが、いわゆる企業の工場がある地帯を指しており、人口ゼロという場合が多い。その中ではセメント町は例外的に住宅地も含んでおり、住民が住んでいる企業地名である。

現在は「太平洋セメント」という名前に変わっているが、古くから「小野田セメント」の名前でわが国最初の民間セメント会社として知られてきた。

小野田セメントの創設は明治一四年五月三日である。創業者は山口県士族笠井順八であった。明治政府は殖産興業政策のもとに、各地に造船所、製鉄所など軍事工業を中心とした洋式工場を建設したが、それに続いて紡績所、セメント工場、ガラス工場、醸造所など各種の官営工場を作っていった。

そのうち、セメントは東京深川に建てられた工場で初めて作られたといわれている。近代日本を建設するに当たって、各種の建造物を作るのにセメントなるものは不可欠だったのである。

笠井順八がセメントに注目したきっかけとして、次のような逸話が残されている。

「明治七八年頃ト思フガ山口ニ協同会社ト云フモノガ創立サレタガ其時製造ノ倉庫ヲ建ル

コトニナリマシタ。石ト石ト継合セルニセメントト云フ粉ヲ練ツテ其間ニカマセルト其粉ガ石ノ様ニナリ、ツマリ一枚ノ石モ同様ニナルト云フコトヲ聞キ、其時ニハ誠ニ不思議ニ思ヒマシタ」

これは笠井自身の回想だが、その背景には、元治元年（一八六四）英・仏・米・蘭の四国連合艦隊が下関（しものせき）の馬関（ばかん）を砲撃したときの経験が引き金になっているという。笠井はそのとき赤間関御用詰となっていたが、山口藩の砲台があまりにももろく崩れ落ちて破れたのを目撃しており、このときの悔しさがセメント作りの意欲につながったものという。

（『小野田セメント百年史』八頁）

笠井の気持ちはこの逸話で十分理解できる。笠井は深川セメントの技術等を学びながら、明治一四年に「セメント製造会社」を設立し、明治二四年に会社名を「小野田セメント製造株式会社」と改めた。この地域一帯を「セメント町」としたのは、明治四〇年頃といわれる。けっこう古い町名なのだ。

山陽小野田市はホテルが三軒しかないことを見てもわかるように、小さな町だ。だが、セメント工場は大きく立派である。港の近くに昔からセメントを焼いてきた竪窯（形状から徳利窯と呼ばれる）がシンボルとして残されている。

6

浸かってみたい温泉地名

乳頭温泉　秋田県　女性の乳頭の形から

全国かなりの温泉をめぐっているが、秋田の乳頭温泉にかなうところはないと考えている。もちろん、温泉なぞ人の好みだから、どこが一番、二番と競う類の話ではないが、私にとっての乳頭温泉は格別なものがある。

乳頭温泉との出会いはもう十数年も前のことになる。秋田での講演が終わって友人たちに誘われて鶴の湯に行ったことがきっかけであった。それまでとくに温泉に興味があったわけではなかった。ところが、鶴の湯の露天風呂に浸かってみて、これは大変な温泉だということに気づいた。

乳白色の露天風呂に身を沈めると、そこは玉砂利になっていて、あちこちから、やや熱めのお湯がぶくぶくと湧き出ている。それまで知っていたのは、どこかからお湯を引っ張ってきて湯船に注ぐ程度の露天風呂だった。ところが、この鶴の湯はまったく違う。しかも、ほぼ適温の湯がそのまま湧いているのである。

乳頭山の乳頭（上）／雨に煙る鶴の湯

鶴の湯は江戸時代の元禄頃に開業したとされ、寛永一五年（一六三八）には、秋田藩主佐竹義隆公も湯治（とうじ）に来たとされる。

乳頭温泉の魅力はほとんど歩いていける距離内に、鶴の湯を含めて黒湯（くろゆ）、孫六（まごろく）、蟹場（がにば）、大釜（おおがま）、妙乃湯（たえのゆ）、休暇村の七つの温泉があり、どの温泉も湯の色や質が異なっており、訪れる人をあきさせないことだ。一時期は、この辺に別荘を構えようと思ったこともある。

ところで、乳頭温泉の「乳頭」はどこから来ているのか。乳頭といえば女性の乳頭をまずイメージするのだが、なぜ乳頭が関係するのだろうか。それは、この温泉郷が乳頭山という山の懐（ふところ）に点在していることに由来する。

乳頭山は標高一四七八メートルで、とくに高い山というわけではないが、東北地方ではそれなりの存在感のある山である。田沢湖からも見える秋田駒ケ岳の隣に位置している。

実は、この山は山頂が乳頭の形をしているところから「乳頭山」と呼ばれてきた。それは秋田県側から見た場合の形で、岩手県側から見ると、烏帽子（えぼし）状に見えるので、「烏帽子岳」と呼ばれている。一つの山で二つの名前を持つのも何とも微笑ましい感じがする。

乳頭の形をしているといわれると、男性としては（?）どうしてもそれを見たくなる。天候が悪かったが、秋田の友人とわざわざ一泊でチャレンジしてみた。しかし、あいにくの天候で、見えるようで見えない。初夏というのに、雪が残っており、ついにその日は諦めることにした。

秋になって九月のある日、ついに駒ケ岳に妻と登り、見事な乳頭山の写真を撮ることができた。読者はこの乳頭が何歳くらいの女性のものか推定できるだろうか。鶴の湯の常連さんというおじいさんに、「乳頭って、何歳くらいの女性の乳頭なんでしょう」と聞いたことがある。おじいさんは、

「二〇くらいだべがなぁ」

と笑いながら答えてくれた。確かにそんなところかなと思ってみたりした。

さて、鶴の湯に話を戻そう。看板には「猟師の勘助が傷が癒えて飛び立つ鶴を見て、湯小屋を開いたのが発祥だと伝えています」と書かれているが、これは話として聞いておこう。地名学的には「ツル」とは、水が滝のように流れ落ちる地形を意味している。「水流（つる）」さんという名前が示すように、水が流れるところを指している。鶴の湯も宿泊棟と風呂の間にかなり急な川が流れており、もともと「ツル」の地だったと考えられる。

遠刈田温泉　宮城県　「とおがったでしょう」と迎える女将

東北新幹線白石蔵王駅で降りて、バスで小一時間も山道を揺られていくと遠刈田温泉に到着する。旅館に着くと、美人の女将さんが「遠かったでしょう」と言ってくれそうなところにある。こんな言葉があると、旅人は旅の疲れも忘れてしまいそうだ。ちょっと東北なまりが入ると「遠がったでしょう」ということになる。

実は、この「遠刈田温泉」は正式には「とおがったおんせん」と呼ぶ。この地域そのものが宮城県刈田郡なのだが、この「刈田」は「かった」と読んでいる。

この地域は古代から「刈田郡」もしくは「苅田郡」と呼ばれていたところである。古代の『延喜式』には「刈田郡」とあり、『和名抄』には「葛太郡」とあるが、「葛太郡」は例外で、その他は一貫して「刈（苅）田郡」である。たぶん、その由来は「田を刈る」ところに求めても間違いではない。つまり、稲の収穫にちなんだ地名であると思われる。

「遠刈田温泉」は昔は「湯刈田温泉」とも書かれていたという。これはかなり信憑性の

遠刈田温泉の街並み

高い話である。この温泉の起源は相当に古く、炭焼藤太伝説がある。京の高貴な娘が当地を訪ね、炭焼きをしていた藤太と結婚し、金鉱と温泉を発見して長者となったという話である。慶長六年（一六〇一）当地を開拓した大沼勘十郎が上・下湯を発見したともいわれ、江戸時代には相当な規模で湯治客を迎え入れていたらしい。

そんな歴史を考えると、「遠刈田温泉」がもともとは「湯刈田温泉」であったことは十分うなずける話である。つまり、「遠い刈田の温泉」という意味ではなく、「刈田の湯温泉」という意味なのである。そう考えたほうが素直である。

いつも感じることなのだが、新幹線の白石蔵王駅をなぜこんなところに作ったのだろう。同じことは東海道新幹線の岐阜羽島（ぎふはしま）駅についてもいえる。たぶん、それなりの政治的意図で作ったものであろうが、いかにも効率が悪い。もう相当な年数が経っているにもかかわらず、街の発展がほとんど見られない。

遠刈田温泉行きのバスは、新幹線の駅を出ると、JR在来線の白石駅を経由して山の方面に向かう。蔵王町の役場を過ぎたあたりから本格的な山道に入り、しばらく行くと遠刈田温泉に到着した。

初冬の小雪が舞う温泉もまた風情があっていい。温泉街そのものはそう大き過ぎもせず、変にすれてもいず、ほどよい印象であった。観光案内所で、どこか写真が撮れるいいポイントがないですかと聞いてみると、街の外れにある「こけし橋」の橋げたについているこけしがどうでしょうかと言う。確かにこの街では遠刈田こけしが有名だが、橋のこけしは私の趣味には合わなかった。

温泉街には「神の湯」と「寿の湯」の二つの公設の公衆浴場がある。「神の湯」は昔の遠刈田福祉センターをリニューアルしたもので、規模も大きく新しい。が、私の趣味に合うのは「寿の湯」であった。街の中ほどにやや古い小振りの建物で、三百円で入浴できる。

湯の色はやや茶色で、いかにも温泉らしい。入ってみてびっくりした。熱いのである。聞いてみると、温度を四四度に設定しているとのこと。長くは入ってはいられない。これも一つの特徴かもしれないと思った。

店番をしている女性の話によると、遠刈田温泉の源泉はこの建物の前にあり、この源泉を上まで上げて、全旅館に配分しているので、湯の質はどこでも同じだということだった。

晴れていれば、蔵王連峰が一望できるはずだったが、それはまたの機会に預け、日帰り取材の帰途についた。

蔦温泉　青森県　蔦子をめぐる伝承の湯

　東北地方の魅力はやはり温泉である。秋田県の乳頭温泉に魅せられて以来、毎年のように東北の温泉めぐりを続けてきた。五月の連休を利用して四日間の温泉旅行を企画した。ターゲットは青森県の八甲田山（はっこうださん）周辺。ここには、天下に名を知られる酸ヶ湯（すかゆ）温泉をはじめ、谷地（やち）温泉、猿倉（さるくら）温泉、蔦（つた）温泉、青荷（あおに）温泉など、名湯が点在している。

　しかも、いつものことながら申し込みが直前となってしまい、もう主な宿はどこも満杯状態だ。

　さんざん探した結果、秋田県に入ったところにある小さな赤湯（あかゆ）温泉という宿を見つけて、そこを拠点にして温泉めぐりをすることになった。

　赤湯温泉はおじいさんがもっぱら一人で切り盛りしている宿で、これはこれで思い出深かった。湯がほとんど赤く、湯船もぼろぼろになるほど刺激の強い温泉だった。

　酸ヶ湯温泉は、青森県特産のヒバで作った千人風呂で有名だ。入り口は違うが、中に入

蔦温泉を囲むブナ林（上）／蔦子が身を投げたという蔦沼

ると混浴になっていて、おおらかな東北の湯を楽しむことができる。この「酸ヶ湯」の意味だが、この酸性湯がその由来だと思いがちだが、三〇〇年も前に、狩人が射損じた鹿を追いかけていったところ、湯けむりのところにいた鹿を見つけたのだが、見事に傷が治っていたところから、この湯を「鹿の湯」と呼んだのだそうだ。「シカの湯」がいつのまにか「スカの湯」となってしまったとのこと。確かに東北弁では「シカ」は「スカ」に変わる可能性は高いといえる。

さて、酸ヶ湯温泉は八甲田山を代表する大岳(おおだけ)（一五八四メートル）のすぐ麓(ふもと)にある。そこから八戸(はちのへ)方面にブナ林の間を縫うようにバス道路が走っている。東北は五月とはいえ、道路の両側に数メートルの雪が壁のように連なっている。道路をしばらく行くと谷地温泉がある。「谷地」とは湿地帯を意味する地名で、関東にはことのほか多い。実はこの谷地温泉も、目の前が湿地帯になっていて、通の客が通う名湯である。

蔦温泉はさらに道路を下っていったところにある。大正七年に作られたという建物が今もそのまま使われており、訪れる人々の心を和(なご)ませてくれる。

蔦温泉の売りは、何といっても「響泉の湯」である。雰囲気のいい階段を下りていくと、大きな湯船がある。そこに入ってみると、風呂の底からぶくぶくと源泉が湧き出している。つまり、源泉の上にそのまま湯船が作られているのである。

これはかなりの売りといえよう。それだけを楽しみに訪れる客も多い。

この蔦温泉には、蔦子婆（ばば）の話が伝説として残されている。およそ、次のような話だ。

昔、八戸の近くに湯の湧くところがあり、多くの人々が湯治（とうじ）に来ていた。あるとき、湯守の蔦子婆の娘が湯治客にだまされて連れていかれてしまった。

そこで怒った婆はへらで湯口を叩いて、湯が出ないようにふさいでしまった。婆は娘を探し歩いていたが、あるとき、真っ白いひげの爺さんが「お前の娘は西の岳（八甲田山）にいるので、着替えなどを届けなさい」と言ったので、婆は西の山に届けに行った。それから、蔦子婆の娘がいる西の岳に湯が湧き、今の蔦温泉になったという。

それとは別に、湯治客の娘の蔦子が行方不明になり、あちこち捜したところ、沼の倒れたブナの大木に座っており、湯治客の病を治すために沼に身をささげたという話もある。

宿の裏手に数分も行くと蔦沼という沼があるが、そこが身を投げた沼だという。

いちどは行ってみたい温泉である。

鉄輪温泉　大分県　〝毎日が地獄〟だ！

小高い山の上から見て、ここはまさに地獄なのだと痛感した。街の中に温泉があるというよりも、温泉地獄の中に街があるといった感じだ。

冬でしかも雨の中とあって、湯けむりの立つ景観は「ものすごい！」の一言に尽きる。まるで、大火に遭った街のように、いたるところから湯けむりが立ち上り、空の雲につながっている。タクシーの運転手さんが「今日はあいにくの雨ですね」と言うので、「雨のときは雨のときなりにいい写真が撮れるんですよ」と答えると、「そう言ってもらえればうれしいですね」と言ってくれる。大分の人々はとても親切だ。

この鉄輪(かんなわ)温泉はいわゆる「別府八湯(べっぷはっとう)」の一つだが、八つの中でも飛びぬけて規模が大きい。鉄輪温泉には八つの地獄があって、順番に観光客を待っている。どういう順番で回ってもいいのだが、一応、「海地獄」「鬼石坊主地獄」「山地獄」「かまど地獄」「鬼山地獄」「白池地獄」「血の池地獄」「龍巻地獄」となっている。

まるで地獄の中に温泉街がある（？）／鬼山地獄（下）

もう二〇年近くも前に来たことがあるが、地獄そのものは変わっていない。ある地獄の売店を歩いていたら、後ろで女性の声がした。

「まあ、見て見て、このTシャツ……！〝毎日が地獄〟って書いてるよ！」

「そうだよね、私たちなんて毎日が地獄だもんね……」

振り向くことはなかったが、思わず「俺だって、そうだよ……！」と心の中でつぶやいた。今の時代、日本人の多くがこんな気持ちで生きているに違いない。そんな人はこの地獄めぐりをしてみるといいかもしれない。

さて、この鉄輪温泉にはまことしやかなこんな伝説が残されている。

昔、この地に平家の末裔（まつえい）といわれる玄番という人物がいた。玄番はいつも大きな鉄棒を持ち歩いており、この温泉に毎日のように来ていたそうだ。ある日、玄番が湯に入っているとき、近くを通りかかった源為朝がふざけて、玄番の鉄棒を土の中に隠してしまった。湯から上がった玄番は鉄棒のないことに気づき、ようやく捜し出して、鉄棒を引き抜くと、その穴（輪）からお湯が噴きだしたので、その泉源から鉄の穴、つまり「鉄輪」という地名になったとのこと。

こういう話は聞き流しておけばいいのだが、しかし、それにしても、こんな話がいかにもありそうな温泉地ではある。つまり、街のいたるところから湯けむりが立ち上っており、どこからでもお湯が噴き出てきそうなところなのである。

真実はどうか。『豊後国風土記』によれば、もともと現在の鉄輪温泉の西北にあった「河直山（かなおやま）」が「鉄輪山」に転じたところから生まれた地名とされる。ただし、「河直山」がなぜ「鉄輪山」になったかは不明である。

温泉街で一枚のポスターを発見。そこにはこう書いてある。

「風土記に記録されているように、鉄輪一帯は荒々しい地獄であり、時によって住民に難儀な存在でもありました。それを仏教世界と温泉の結びつきにより、一大温泉郷に開発したのが、時宗の開祖一遍（いっぺん）上人であるといわれています。特に今に残る蒸し湯（石風呂）の創設者として人々の伝承に生きています」

温泉街の中ほどに、一遍上人にちなむ「温泉山　永福寺」がある。

大分といえば、関サバ、関アジである。夜空港に着き、関サバの美味しい店を紹介してくれと頼んだら、繁華街まで運んでくれ、メーターを止めて、あちこちの店を案内してくれた。関サバ・関アジの味、言うまでもなくうまい！

温泉津　島根県　銀を搬出した湯の港

温泉津(ゆのつ)には、山陰でも名高い「温泉津温泉」がある。この文字をよく見ていただきたい。

「津」をはさんで、どちらから読んでも「温泉津」「温泉津」で、これはこれで楽しめる。二両連結の列車で浜田を出てトコトコと山陰路を走ると四〇分あまりで「温泉津」駅に着く。あたりはすでに暗く、折悪しく雨が降り始めた。

宿の車で温泉津の街並みに入ると、まるで異空間に入った感じだ。狭い道路をはさんで古い温泉街がしばらく続く。この温泉津は平成一六年、温泉街としては初めて「重要伝統的建造物保存地区」の指定を受けたそうで、数十年以上も前の家がきれいに並んでいる。

宿の風呂に入ってみると、湯量が思った以上に少ない。ほんとにちょろちょろと流れている程度だ。だが、これも考えようで、循環式のお湯を遠慮会釈もなく流している宿よりも、いかにも本物の温泉といった感じがする。

温泉津温泉の街並み

全国の温泉めぐりをしていて、この温泉に近い温泉を思い出した。それは山形県の肘折(ひじおり)温泉だ。肘折温泉も街並みがすごくシックで、何度でも行きたいと思わせる通の温泉だ。肘折の街並みに似た風景をカメラにおさめた。

この地域はもともと「石見国(いわみ)」の邇摩(にま)郡の「湯泉郷(ゆのごう)」と呼ばれていたところ。「温泉郷」と書いて「ゆのごう」と読んだところをみると、もともと「湯の郷」だったのではないか。その「湯」に「温泉」という文字をあてはめたのではないか。ということは、すでにここは温泉が湧く港（津）として数百年以上も前から知られていたことになる。

地元で入手した『温泉津物語』（温泉津町観光協会編）には次のようにある。

「中世から日本の大銀山としてあらわれてくる石見銀山を背景にして、港としての温泉津は早くから知られていたらしく、中国の明（一三六八～一六四四）の古文書に『有奴市(ゆぬつ)』として出てくるところをみると、既に南北朝のころに温泉津と称されていたと思われる」（一頁）

温泉街を通り抜けたところに港がある。ここが「温泉津」であり、石見銀山の銀を搬出した港である。

石見銀山は大永六年（一五二六）に九州博多の豪商神谷寿禎(かみやじゅてい)によって発見されたとされ

る。石見銀山の中心は「仙の山」という山で、豪商神谷寿禎は、この「仙の山」が光っているのを見て銀山だと見抜いたのだという。そして、寿禎はわが国独自の銀の製法を開発し、世界に広がる銀の文化の礎を築いたのである。

温泉津から車で二〇分ほどで銀山の街大森地区に着くが、ここが中世から江戸時代にかけて大繁栄した石見銀山の街である。いまは、昔の宿場町のように一本の街道筋が通っているだけだが、全盛期には二〇万もの人口を抱えたとされる。

ここで採れた銀は遠くヨーロッパまで運ばれ、未曾有のシルバーラッシュを実現させた。一時期は世界の銀の生産量の三分の一はこの石見銀山のものだったといわれる。

銀を掘る坑道のことを「間歩（まぶ）」と呼ぶが、いまでもあちこちに間歩が残されている。石見銀山で唯一一般公開されているのが「龍源寺間歩」である。坑内には銀を採掘した跡が窺える坑道が狭く続いている。時折、岸壁に銀のかすかな光がきらきら輝いている。

石見銀山は平成一九年、世界産業遺産に指定された。だめかもしれないという大方の予想を覆しての大逆転劇だった。大事にしていきたい遺産だ。

7 世界遺産の地名

知床　北海道　岬の名前から

知床は遠かった。北海道在住のアイヌ語地名研究の第一人者である山田秀三（故人）も、勤め人である自分はなかなか行けないところだと思っていたと回想している。それほど北海道の中でも行きにくいところなのだ。

私は函館から知床に向かった。函館から知床へは、いちど札幌の丘珠空港を経由して二度もプロペラ機に乗ってやっと女満別空港にたどり着く。北見に一泊して翌日網走に出る。さらに乗り継いで知床斜里に到着すると、まるで、知床は異国のように遠い感じだけが残った。日本もこんなに広いんだという実感であった。

知床は平成一七年（二〇〇五）七月に世界自然遺産に登録された。

この「知床」、これまでの解釈ではアイヌ語の「シリエトク」（大地の頭の突端）に由来するというのが定説とされてきた。確かに、知床は半島になっており、それで説明できそうでもある。が、どうやら、専門家の意見では異なっているようだ。

知床半島の風景

山田秀三は次のように述べている。

「和人からみれば一番遠いところなので、旧来、その語義を島の果て、地の果てのように、やや感傷的に解釈されてきたが、言葉は、ただ『岬』の意。元来は一つの岬の名であったのが、付近の地名となり、さらに広がって半島全体の名ともなった。

松浦武四郎の知床日誌には『ヌサウシ。即此所を称してシレトコと云なり』と書かれた。旧記、旧図から推すと、そのヌサウシ（祭壇あるところ）は半島突端の岬である。また知床日誌の挿絵などではその位置にヲサウシ（岬）とも書いている」（山田秀三『アイヌ語地名を歩く』九〇頁）

要するに、知床という地名は知床半島の突端にある岬の名前から生まれたもので、それはアイヌの人々の神への祈りの場所だったということである。山田によれば、半島の突端に当たる平原部分がシレトコで、この地域は半島の先に住む神へ祈りを捧げる場所だったのである。

現地で入手できた『知床半島西岸の地名と伝説』（郷土学習シリーズ第6集）によると、「ヌサウシ」とは「幣(ぬさ)が沢山(たくさん)ある所」といった意味で、「知床岬の最先端。ここから奇岩怪石がはじまる。昔、神を祭る時はここに来て御神酒をささげ、木幣を立てて祈ったという」（八頁）と書いている。

知床といえば、まずだれもが思い浮かべるのは「知床旅情」の歌である。

知床の岬に　はまなすの咲く頃　思い出しておくれ　俺たちの事を
飲んで騒いで　丘に登れば　はるかクナシリに　白夜は明ける

この歌をこれまでは、どこか知らない異国の歌のような思いで聞いてきた。しかし、まぎれもなく知床半島は日本の大地の一部であり、その自然が世界遺産の対象となったのだ。

斜里から一時間足らずで「ウトロ」に着く。ウトロから半島見学の遊覧船がいくつも出ている。残念ながら岬までは行けなかったが、高さ二〇〇メートルもあろうかという断崖が海に激しく切れ落ちている様を目にすると、知床のすごさが身に迫ってくる。

クルージングの最後に加藤登紀子（かとうときこ）の歌声が流れると、旅はクライマックスを迎える。

忘れちゃいやだよ　気まぐれカラスさん　私を泣かすな　白いカモメよ…

屋久島　鹿児島県　「八崩え」から？

林芙美子の『浮雲』の物語最後の舞台は屋久島である。主人公のゆき子が病の身で安房旅館に着いたとき、連れの富岡が、「ここは、雨が多いンだそうですね」と言うと、現地の人が、

「はア、一ヶ月、ほとんど雨ですな。屋久島は月のうち、三十五日は雨という位でございますからね……」

というくだりがある。「月のうち、三十五日は雨」という表現は言いえて妙である。年間降水量が平地で約四〇〇〇ミリ、山地では八〇〇〇ミリと断トツに多いだけでなく、気まぐれに突然雨が降り出すといったほうが正しい。

安房の旅館を早朝五時半に出て、バスに揺られること約一時間で荒川口登山口に着く。そこから、大正時代に杉を運搬するために作られたトロッコの線路の跡を、ただひたすら歩く。トロッコの線路が終わり、さあこれから山に入ろうとしたとたん、激しい雷雨にあ

巨大な怪獣のような縄文杉と夫婦杉

った。これまで経験したことのない激しさだ。

こんなことでは縄文杉（じょうもんすぎ）まではとても無理かなと思いきや、二〇分もするとさっと雨は上がってしまう。こんな状態が続くと、「月のうち、三十五日は雨」というのも理解されるというものだ。

屋久島で入手したパンフレットに「屋久島には日本列島がつまっている」というキャッチコピーを発見した。鹿児島のはるか彼方にある一つの島に「日本列島がつまっている」とはどういうことだろう。

屋久島には九州最高峰の宮之浦岳（みやのうら）（一九三六メートル）をはじめとし、一八〇〇メートルを超える山々がずらり並んでいる。これらの山々が亜熱帯の海岸からいきなりそびえている。山頂の気候は北海道の旭川（あさひかわ）近くと変わらない。つまり、屋久島では亜熱帯から亜寒帯までを経験できるという意味である。確かにそういうところは日本にはこの屋久島を除いてはない。

屋久島を訪れる人の大半は縄文杉に代表される屋久杉とその自然を楽しみにやってくる。屋久島って名前の由来は何だろう、などと考えながら歩いているのは私くらいのものだろう。

「屋久島」は昔は「掖玖」とも「益救」とも書いたことを見てもわかるように、「屋久」は単なる当て字である。推古天皇の時代に、「掖玖人」が帰化したことが記されているという。

『大日本地名辞書』を著した吉田東伍は、この屋久島に昔から産する「夜久乃斑貝」に由来する説を暗示し、「按ずるに屋久貝は即螺錨にして、俗に青貝と呼ぶ」としている。

ただ、この屋久貝から屋久島の地名が生まれたというのは無理がある。まだ定説はないが、私は吉田茂樹氏の「八崩え」説を採りたい。吉田氏は各種地名辞典で「八崩え」から来ているのではと推測している。「くえ」とは「崩え」「潰え」とも書き、動詞「く（崩・潰）える」の連用形で、土や岩などが崩れること、または崩れたところ、を意味している。

屋久島は一四〇〇万年も前に、海底の花崗岩が海上に突出して生まれたといわれ、山頂まで花崗岩がいたるところに露出している。その花崗岩が多くの「崩え」を生み、それが「多い」という意味で「八」が加わって、「八崩え」となり、「屋久」となったと考えられる。

ただし、これも一つの説でしかない。

熊野　和歌山県　神の住む山々

熊野（くまの）というところは、どこまで行っても山また山である。日本列島は基本的に山からなっているが、地域ごとに特色がある。信州の山はいわば高原といった感じで、高く険しいが他方空間もある。東北の山は長く続いてはいるがなだらかな優しさがある。飛騨（ひだ）の山は奥深い山々が続き人を寄せ付けない感じがある。四国の山々も険しいが、そう面積は感じられない。

熊野の山はどうか。標高はせいぜい一〇〇〇メートルもいかないのに、山、山、山が続く。よその山々と違うところは、熊野の山々全体が信仰の対象となっていることである。どこに行っても熊野信仰で集まってくる人々の足跡が残されている。しかも、一〇〇〇年も続いている信仰の道である。

熊野古道（くまのこどう）というと、一般に熊野山中の古道をイメージしがちだが、その出発点は大阪である。大阪の窪津王子を一番にして、一〇一番の那智大門（だいもん）坂の多富気（たふけ）王子まで、延々二〇

大門坂入り口にある夫婦杉

○キロ以上の道のりである。

熊野古道が目指すのは熊野本宮大社・熊野那智大社・熊野速玉のいわゆる熊野三山であった。熊野本宮に行くには一般に中辺路と呼ばれるルートをとった。大辺路は田辺から海沿いに串本から那智を経由して本宮に至るルート、さらに小辺路というのは、本宮本社から高野山に至るルートで、相当に厳しい山道が続く。

さて、この熊野という地名、「熊」と関係あるのだろうか。全国には熊のつく地名が多いが、どこでも二つの説が成り立つ。熊野の場合は、以下の通り。

（1）動物の「熊」にちなむという説

これは後の神武天皇になる神倭伊波礼毘古命が東征し、熊野から奈良に向かったとき、熊に出会ったことからついたという説である。『古事記』には次のようにある。

「かれ、神倭伊波礼毗古の命、そこより廻り幸して、熊野の村に到りましし時に、大き熊、髣かに出で入るすなはち失せぬ」（新潮日本古典集成）

実はこのあと、神倭伊波礼毗古命は、この熊の毒気に当てられ、戦う意欲もなくなってしまったのだが、熊野の「高倉下」という猛者が現れて、この「熊野の荒ぶる神」（熊）を退治して無事、命を護ったという話が記されている。

このような故事によって「熊野」という地名が生まれたとされるのだが、この場合の「熊」は「荒ぶる神」のことであって、「熊」そのものではないと考えられる。

（2）「隈」とする説

「くま」（隈、曲、阿）を辞書で引くと、次のような意味があげられている。（『大辞林』）

①「川や道などの」折れ曲がっている入りくんだ所。（川の―）（道の―）

②奥まったすみの所。物かげの暗い所。

③濃い色と薄い色、光と陰などの接する部分。

これは主なものだが、まさに熊野はこのような地形のところである。古道はどこまでも折れ曲がって続いているし、熊野川は山の奥深くから折れ曲がって流れている。また「奥まったすみの所」というのは至るところがそのような土地で、それがまた多くの信仰の対象になっている。そして、「濃い色と薄い色、光と陰などの接する部分」という表現は、まさに熊野のためにあるかのように思える言葉である。

熊野全体が巨大な森になっていて、その全体が一〇〇〇年を超える信仰の対象となってきたのである。私の説は「隈」説である。

五箇山　富山県　知られざる富山県の感動！

富山県は私の父の故郷ということもあって、数知れないほど訪れてきた県ではある。ところが、これまで一度も五箇山（ごかやま）というところに足を踏み入れたことはなかった。

初めて行ってみて、私はこれまで富山県の何を知っていたのかと、嫌悪感に襲われた。富山県は呉羽（くれは）山を境にして呉東（ごとう）・呉西（ごせい）に分かれるが、その二つの地域を知ったことで、富山県がわかったような錯覚をしていたことになる。

射水（いみず）市で講演会が終わったあと、親しい友人たちが五箇山に誘ってくれた。地理的には砺波（となみ）市から庄川（しょうがわ）沿いに南に入るだけなので、時間的にはそうかかるところではない。ところが一旦入ってみると、こんなところが日本にあったのかと、驚きの連発だった。長野県の山国育ちの私だから、全国を歩いてみても山の深さに関してはそうびっくりしたことはない。何しろ、二〇〇〇メートルから三〇〇〇メートル級の山々に囲まれて一八歳までを過ごした身なので、山のすごさに関しては動ずることはない。

雨に煙る相倉集落

そう自負する私がびっくりするのだから、これは本物である。山の高さは南部の高いところでもせいぜい一八〇〇メートルどまり、北端ではせいぜい九〇〇メートルといったところだ。ところが、庄川沿いの渓谷の深さというか、あまりの平地のなさには完全に脱帽した。とても人が住めるといった土地ではない。

かつて、白川郷(しらかわ)に取材に行ったときも感じたことだが、岐阜県から富山県にかけての山並みの深さは長野県とは大違いである。長野県の山々は盆地も開け、山々の間に空間が広がっている。ところが、この地域は行けども行けども山また山である。高さからいえば長野県の山のほうがすごいといえるが、山並みの深さという点ではこの地域のほうがはるかに勝っている。

五箇山の由来としては、庄川沿いに赤尾谷(あかおだん)、上梨谷(かみなしだん)、下梨谷(しもなし)、小谷(おたん)、利賀谷(とがだん)の五つの谷間に集落があり、「五ヶ谷間」と呼ばれていたが、それが変わって「五箇山」になったのだとガイドブック等では説明している。

平成七年、五箇山に残されている合掌づくり集落は、白川郷とともにユネスコの世界文化遺産に指定された。合掌づくりとしては白川郷が有名だが、その続きにある五箇山にも三〇戸以上の合掌づくりの民家が残されている。合掌づくり集落の特徴は、いまもなお人々がその建物に住んでいることであって、生きた文化遺産となっていることだ。

五箇山の合掌集落としては相倉（あいのくら）が有名だが（写真）、そのほかにも菅沼集落がある。

また、この五箇山は平家の落人伝説があることでも知られる。源平の戦いで敗れた平氏が落ち延びたという話だが、この源平の戦いとは壇ノ浦（だんのうら）の戦いではない。壇ノ浦からはいかにも離れすぎており、不自然である。よく調べてみると、同じ源平の戦いでも木曽義仲と戦った倶利伽羅（くりから）峠での敗戦だった。倶利伽羅峠はいまも砺波市と金沢市の間にある峠で、平氏は歴史的な一敗を喫したのであった。確かに、このような山あいだと身を隠すのにふさわしかったのだと納得できる。

日本を代表する民謡「麦屋節」「筑子（こきりこ）節」はこの平家の落人伝説から生まれたものであるという。

近世になると、この地は加賀（かが）藩の直轄になり、主に流罪の人間をかくまうことが課せられたという。いまも流人（るにん）を囲う小屋が残されていて、大変なところだったのだな、と改めて感じ入った。橋を架けることも許されなかったという。

8

地名は伝播（でんぱ）する

秋葉原　東京都　地名は生きている！

「秋葉原」について私たちは、大きな思い違いをしてきたようだ。昔、大学生として初めて上京したとき、「秋葉原」の駅名をなぜ「あきはばら」と呼ぶのか不思議に思った。どう考えても「あきはら」と読むのが正当だと思った。人名でも「秋葉」さんは「あきば」と読み、「あきは」とは普通読まないからだ。

その後、地名の由来を調べてみると、この秋葉原は「秋葉神社」に由来することがわかった。およそ、次のような話である。

明治二年一二月一二日のこと。神田相生(あいおい)町から出火した火災は瞬(また)く間に神田一帯を焼き尽くし、罹災(りさい)戸数は一〇〇〇軒に及んだ。そこで、明治政府は、神田佐久(さく)間(ま)町の裏通りに約一〇〇〇〇坪の火除地を確保し、その中心に「火防の御宮」を建てることになった。

江戸の昔から「火防の神様」といえば、秋葉神社である。秋葉神社の本社は静岡県の春(はる)野(の)にあって、古来鎮火の神様として信仰を集めていた。その神社が実は江戸城にも祀られ

秋の陽を浴びる秋葉神社（上）／躍進する秋葉原

ており、それを火除地に勧請したのである。火除地は秋葉原駅の北側で、今のヨドバシカメラとダイビルにはさまれた一等地である。

時が移って、明治二一年、この地に鉄道が敷かれることになった。新橋から東京に鉄道が延び、さらに北に伸ばされることになったのである。そこで、秋葉神社はやむなく、現在の台東区松が丘に移り、新しい駅ができることになった。ところが、なぜか、この新しくできた「秋葉原」駅の呼び方を「あきはばら」にしてしまった。

昭和二〇年三月の東京大空襲で再び焼け野原になった秋葉原に、広瀬無線、山際電気商会などの電気商が集まってきて、電気街を形成していった。

ざっとこれがこれまで多く通用してきた説である。

この説の誤りに気づいたのは、数年前、春野の秋葉神社に直接電話で聞いてみたことによる。本社の方は明確に「私どもの神社名は〝あきはじんじゃ〟ではなく、〝あきはじんじゃ〟と申します」と言うではないか。

「秋葉神社」が「あきはじんじゃ」と呼ばれているとなると、これまでの説は明らかに間違いだということになる。

「秋葉神社」にちなむというのなら、「秋葉原」は「あきはばら」がやはり正しいということになる。

秋の一日、春野にある秋葉神社を訪れてみた。浜松（はままつ）駅から遠州鉄道に揺られて三〇分あまりで「西鹿島駅」に下車すると、まわりはすべて「あきはさん」「あきはじんじゃ」である。駅前のレストランで話を聞いてみても、はっきり「あきはじんじゃ」と発音している。やはり、秋葉神社は「あきはじんじゃ」であり、その「あきはじんじゃ」に由来する「秋葉原」は「あきはばら」でいいのだ。

駅から約一時間バスに揺られてやっと「秋葉神社」に着いたのだが、ここはまだ下社だという。上社は近年火災に遭って再建したものだという話を聞いた。

えっ！　秋葉神社のご利益はいずこ？

確かにパンフレットに載っている写真は本当に最近建てられたばかりの社殿で、趣（おもむき）はまったくない。しかも、下社から上社に行くには二時間も歩くことになるという。その時点で上社に行く意欲は失われた。

それにしても、地名は生きている！　かつては、若者が言っている「アキバ」が正しいと思っていたのだが、実は「あきは」が正しいという新しい発見をした。

安曇野　長野県　古代安曇族の定着地

「安曇野（あずみの）」という地名はもともと存在しなかった。安曇野を一躍有名にしたのは、臼井吉見（うすいよしみ）の全五巻に及ぶ大河小説『安曇野』だった。この小説は明治三〇年代を幕開けに、大正・昭和にかけて、安曇野・松本を舞台に近代日本をつくった人々の波乱に富んだ生涯を描いたものである。それ以来、安曇野は日本の故郷のように思われてきた。

平成一七年、豊科町・穂高町・堀金村・三郷村が明科町と合併し、「安曇野市」が誕生した。もともと、この地以北は「安曇」と呼ばれており、「北安曇郡」と「南安曇郡」に分かれていた。北安曇郡はいまも存在するが、南安曇郡は安曇野市の誕生によって、消滅してしまった。

この安曇という地名は、その昔、九州地方の勢力を持っていた安曇族が移住してきたところからついたものだといわれている。この地の最も有名な神社といえば穂高神社だが、その境内の一角に阿曇比羅夫の像が建っている。そこには、次のような解説がある。

安曇野の風景（上）／志賀海神社から見た玄界灘

「大将軍大錦中阿曇連比羅夫は、天智元年（六六二）天智天皇の命を受け、船師百七〇艘を率いて百済の王子の豊璋を百済に護送、救援して王位に即かす。天智二年、新羅・唐の連合軍と戦うも白村江（朝鮮半島の錦江）で破れ、八月中戊二七日戦死する。九月二七日の例祭（お船祭）の起因であり、阿曇氏の英雄として若宮社に祀られ、英智の神と称えられている。伝統芸術である穂高人形飾物は、阿曇比羅夫と一族の勇姿を形どったものに始まると伝えられる」

安曇族については多くの史家が論じてはいるが、いまだ多くの謎に包まれている。ただし、九州の福岡にある志賀島に拠点を置いて、朝鮮半島との交易に従事していた海人族であったことは確かである。

早速、志賀島に足を運んでみた。博多から香椎まで行って乗り換え、西戸崎まで行き、そこからタクシーを飛ばした。予想通り「志賀海神社」は見事な神社である。潮の香りに包まれた神社という雰囲気だ。その由緒書きには、こう書いてある。

「古来、この綿津見三神を奉斎してきたのが神裔『阿曇族』である。この阿曇族は、志賀島を海洋民族の一大拠点とし、国内・大陸との交易を行い経済的・文化的に高い氏族であった。その交易の足跡が長野県安曇野市穂高、対馬、兵庫、石川県志賀町、滋賀県安曇川、愛知県渥美半島など、『しか』『あつみ』と称した地名に多く見られる」

そして、驚いたのは、志賀海神社の宮司さんは、何と「阿曇」という姓だとのこと。これがいちばんの収穫だった。やはり、安曇野のルーツはこの志賀島であったのだ。

ここに記されているように、安曇族は海人部の伴造であったことから、海洋貿易を生業（なりわい）にしていたらしい。その安曇族がなぜ信州の山の中に移住したのかも謎である。糸魚川（いとい）から姫川沿いに上り、大町市から現在の安曇野市に定着したと見られている。『信濃安曇族の謎を追う』を書いた坂本博氏は、「エゴ」という食べ物との関連で安曇族の足跡を確かめようとしている。

坂本氏の仮説は、安曇族は「エゴ」なる海草の食べ物を食べていたのではないかというのである。これは基本的に福岡の「オキュウト」と同じものである。坂本氏の調査によると、現在でも安曇族が定着したと思われる地域にはこの「エゴ」を食べる風習があるという。確かにエゴは日本海岸方面では多く食されており、安曇野のような山の中で食べられているケースはない。

安曇族は北陸、滋賀県、渥美半島に至るまで勢力を広げていったといわれるが、その地名学的な探求はこれからである。

鳥取　北海道　鳥取県からの士族の開拓の足跡

北海道の釧路に鳥取がある！　これを聞いただけで人はまず興味を惹かれる。しかも、鳥取大通なる地名まであるとなると、ますます「どうして釧路に鳥取が……？」という思いが募ってこよう。

釧路はいまでは東京から飛行機で行けてしまうので、「さいはて」というイメージはないが、石川啄木が釧路駅に降り立った明治四一年頃の町は、さいはての町といったイメージだったらしい。こんな歌を残している。

　　さいはての駅に下り立ち　雪明り
　　　さびしき町にあゆみ入りにき

東京などの感覚だと、鳥取大通なぞというと、立派な商店街が続く通りをイメージする

鳥取神社に鳥取人の心が伝わる（上）／飛来する丹頂鶴

のだが、実際の鳥取はむしろ、釧路の中央部から離れた地点にあった。それもそのはず、鳥取地区は明治一七年に鳥取村として成立して以来、釧路村（町）とは別の行政区であったのである。鳥取村は昭和一八年に鳥取町となり、戦後の昭和二四年、釧路市に統合されたのであった。

鳥取地区といっても、かつて明治の初めに鳥取県の士族が移住してできた町だという風情はほとんど残していない。釧路駅から数キロ以上離れたところに鳥取神社があるだけである。

明治新政府の重要な課題の一つは、失業した士族にどのような仕事を与えるかであった。北海道に旧士族が移住し始めるのは明治一〇年代のことだが、そのきっかけをつくったのは黒田清隆（くろだきよたか）の建議であった。黒田は士族を北海道に移住させ、農業と牧畜を営ませることを政府に建議し、同年七月に「移住士族取扱規則」を発布し、移住を開始した。

その規則によれば、「士族ノ最貧困ニシテ自力移住シ得ザル者ノ為」「農業一途ニ従事セント欲スル者」に渡航の費用、食料、農具などの援助の他に、一戸当たり三百円程度の金を貸し付けるというものであった。しかも、「耕地ハ豫メ一戸三町部ト定メ、移着ヨリ三箇年ニ必ズ墾了スベシ」とされていた。

根室県管下においては明治一七年、釧路には鳥取村が創立され、移住者は明治一七〜一九年の三年間で一〇五戸、五二一人を数えた。しかし、入植した阿寒川の近くは低湿地帯であり、慣れない気象条件の他に洪水など多くの難問に立ち向かわざるを得なかった。生活が安定したのは明治三〇年代のことで、それまでは士族開拓の誇りを持って精進したのだといまは評価されている。『釧路　街並み今・昔』（北海道新聞社）の著者・永田秀郎は、「歴史の浅いいわば流れ者の多かった釧路の中で士族としての誇りを失わず背筋を伸ばして生き抜いた一団がいたことを忘れるわけにいきません」（九九頁）と書いている。

二一世紀に入って、いままた武士道が世間の注目を集めているが、武士の肩書きを捨て、農民として極寒の地で大地を耕した士族の人々に見習うことが多そうだ。

釧路市の西方に「大楽毛」という変わった地名がある。「オタノシケ」と読む。北海道の地名の九〇パーセントはアイヌ語によるものとされているが、これはアイヌ語で「砂地の中央」という意味である。「オタ」は砂地を意味し、「ノシケ」は中央部という意味である。これに漢字を当てて「大楽毛」という地名になった。

「大楽毛駅」から海岸まではすぐなのだが、荒れた海が遠くまで延々と続いている。一〇〇年以上も前に移住した人々の思いがいまに伝わる感じがした。

北広島　北海道　広島から移住した人々の願い

まずクイズである。次の駅はどこにあるでしょう。

「広島」駅
「東広島」駅
「西広島」駅
「北広島」駅

「広島」駅はいわずと知れた広島県の県庁所在地である。「東広島」駅は新幹線に乗っていればわかることだが、「広島」駅の東隣。「西広島」駅は山陽本線で「広島」駅から二つ目にある。いずれも広島県だ。

さて、問題は「北広島」駅だが、これは北海道の札幌(さっぽろ)市の隣にある「北広島市」の駅である。

かねてより、いつかは北広島に取材に来ようと考えていた。この地は、よく知られるように明治の初めに広島県から移住してきた人々によって開拓された土地である。

開拓時の心を伝える開拓記念公園

北海道はどこも新しいので、古いものを見つけるのが難しい。駅からそう遠くないところに開拓記念公園があるというので、早速行ってみた。公園の正面に「廣島村　この地にはじまる」と刻まれた開拓民の像が建てられている。

記念碑にはこう書いてある。

「広島県人和田郁次郎は北海道開拓を志し、明治15年渡島、後志方面の適地調査のため来道しましたが気候風土が適当でなかったため、いったん帰郷、翌16年再び同志とともに来道し、札幌郡内の土地の調査をおこない、月寒（つきさむ）村のうち、北はシュプンベツ川から南はシママップ川に至る野幌（のほろ）原野を開拓予定地として土地の貸下げを申請、輪厚川流域を中心に年末までに開拓移住者受入れのための小屋掛けなどの準備を行ないました。

そして明治17年（１８８４）、現在の東部地域に広島県人の第一陣（5月18戸）、第二陣（8月7戸）合わせて25戸１０３人が移住し、本格的な開拓が始まりました。その後この開墾地は、広島県をはじめ本州各地から個人で移住する者が増加し、広島開墾地と呼ばれるようになりました」

歴史をたどると、明治二六年に広島村が設置され、昭和四三年に広島町となり、平成八年に北広島市となった。

公園の中に、「廣島村開村記念唱歌」なるものが記念碑として建てられてある。これは終戦の頃まで、開村記念日の行事等で歌われたものだという。

一　花は空しく咲き散りて　幾春秋や過ぎぬらん
　　木立は深く草繁り　太古のま、の荒野原
二　馴れし古郷離れ来て　深き木立を伐り開き
　　繁る叢わけ入りて　移住をせしは一八戸

六番まであるが省略する。この歌に当時の開拓者の思いが切々と伝えられている。この歌詞は明治四一年、広島開村碑が広島神社境内に建設されたときに、北海道師範学校石森和夫先生によって作詩されたものという。

地名の移動は結果であり、その裏にどれだけ多くの人々の願いがひそんでいるかを忘れてはならない。

一口　京都府・東京都　疱瘡を防ぐ神様の移動

昔、京都出身のある教授からとても長い手紙をいただいた。自分は京都の一口に近いところに住み、親戚もいるが、どうして「一口」が「いもあらい」と読むのかわからないので、教えてほしいという内容だった。

「一口」を「いもあらい」と読むこと、その意味は疱瘡に関連することは地名研究の世界ではある程度知られていることなので、そんなことを返事として出した記憶がある。しかし、それ以上はさっぱりわからなかった。

まず京都の現地に行ってみることにした。京都市の南に接する町が久御山町（くみやまちょう）なのだが、そこに「一口」はある。ここは、京都から流れてくる桂川（かつら）、宇治川（うじ）の合戦で有名な宇治川、そして奈良県の県境沿いに流れてくる木津川（きづ）が合流する地点に位置している。京阪淀（よど）駅で降りてタクシーを飛ばすと数分程度で一口に着いてしまう。

しかし、現地を見れば、これはすごいところなのだと感じ入ってしまう。とにかく堤防

ついに発見した一口の稲荷神社

よりもはるかに低いところに水田が広がっている。昔はこの地は小椋池という巨大な池であったが、干拓していまは水田となっているのだ。一口の集落は水田よりも数メートル高い岡の上に連なっており、明らかにこの集落部分だけは水害が起こっても大丈夫なようにできている。

しかし、これだけでは何の解決にもならない。現地でわからないときは、同種の地名が他の地域にないかをさがすことである。昔から東京に同じ一口はあることは聞いてはいたが、確認してみると三カ所あることがわかった。

まずは六本木の繁華街の裏側に「芋洗坂」がある。次に靖国神社の裏側に「一口坂」がある。そして、御茶ノ水駅のすぐ近くにもある。問題は御茶ノ水駅の近くの坂である。東京に少し詳しい人はわかることだが、御茶ノ水駅の湯島口を出ると、すぐ秋葉原に向けて降りていく坂がある。いまはこれを「淡路坂」と呼んでいるが、かつては「大坂」とか「一口坂」と呼ばれていた。

実はこの坂の上にかつては「太田稲荷」があり、それは「一口稲荷」とも呼ばれていたという。この神社はいまは小川町の交差点近くに移され「太田稲荷神社」となっている。この神社の由来を調べてみると、意外なことがわかってきた。

太田稲荷神社の起源は遠く平安時代の小野篁（おののたかむら）に及ぶという。小野篁が隠岐（おき）に流罪になったとき、太田姫命が現れて「君は類まれな人物であるから、必ず都に帰ってくるであろう。しかし、疱瘡（ほうそう）（天然痘）を病めば一命が危ない。わが像を常に祀れば避けられるであろう」と言って消えたという。

そこで、篁は京都の一口の里に神社をつくって祀った。その後、江戸を開いた太田道灌（どうかん）の姫が重い疱瘡にかかったとき、道灌は京都の一口から稲荷神社を勧請（かんじょう）したというのである。長禄元年（一四五七）のことであった。

そこで、何とか一口の謎を解くために、現地へ出向いてみた。要は一口の里に稲荷神社があるかどうかである。以前行ったとき、新しく作られた神社に行ってみたが、そこはどう見ても違う。半信半疑でその神社に行ってみると、ちょうど祭礼の儀式を行っていた。そこに来ている古老に聞いてみると、確かに稲荷神社があるという。土地の人に聞いてもぱっとすぐわかるという神社ではなかった。横丁をちょっと入ったところにその稲荷神社はあった！

これで、確かに京都から江戸に移されたことはわかったが、「いもあらい」をなぜ「一口」と書くのかはわからない。この難問はもうしばらく続きそうだ。

祥伝社黄金文庫

「地名」は語る　珍名・奇名から歴史がわかる

平成20年3月20日　初版第1刷発行
平成26年8月30日　　　第2刷発行

著　者　谷川彰英
発行者　竹内和芳
発行所　祥伝社
〒101－8701
東京都千代田区神田神保町3－3
電話　03（3265）2084（編集部）
電話　03（3265）2081（販売部）
電話　03（3265）3622（業務部）
http://www.shodensha.co.jp/

印刷所　萩原印刷
製本所　ナショナル製本

Printed in Japan　© 2008, Akihide Tanikawa　ISBN978-4-396-31452-1 C0195